日本の心をつくった12人

わが子に教えたい武士道精神

石平
Seki Hei

PHP新書

日本の心をつくった12人
わが子に教えたい武士道精神

――目次

序章◆わが子に教えたい日本武士の心

中国の不幸と日本の誇り

第一章◆源義経に見る「武士道」の理想と原型

第二章◆時頼と時宗

為政者倫理としての武士道の確立

第三章◆楠木正成に見る理想的武士像の完成

第四章◆信長、秀吉と家康
異なる武将像とその歴史的意味

第五章◆「制度化された武士道」とその守護神たち

第六章◆反逆者としての江戸武士
大塩平八郎と大坂の乱

第七章◆武市半平太

「君子」と志士としての江戸武士

第八章◆明治から現代へと受け継がれる武士道精神

序章

わが子に教えたい日本武士の心

中国の不幸と日本の誇り

◆わが子を立派な日本人に育てていきたい

私事で恐縮であるが、平成二十四年一月に生まれたわが家の長男は、今や八歳になって小学校二年生になった。

この八年間、父親の私も、典型的な「教育ママ」である家内も、息子の教育に大変な力を入れてきた。赤ちゃんの時からの「幼児教育」はもちろんのこと、三歳で幼稚園に入ったその日から、礼儀と常識を身につけさせるための躾《しつけ》や、豊かな心を育てるための音楽や美術などの情操教育を色々と始めた。神社やお寺へも時々連れて行って神仏の大事さを教え、海遊館や動物園や科学館も連れて行って森羅万象への好奇心も育てようとした。

そして小学校の受験、ピカピカの一年生としての入学。小学生になってからはなおさら、音楽や絵画の塾に通わせたり論語の言葉や百人一首を暗記させたりした。知識の教育は基本的に学校に任せるが、人間教育を自分たちの手でやろうと考えている。

わが家の人間教育の第一の目標は当然、息子を心の綺麗な立派な人間に育てていくことだ。常識をわきまえた人間、分別の分かるような人間、礼儀の正しい人間、性格の穏やかな人間、そして大きくなったら社会とお国のために貢献できるような人間。このような人間となってもらうことはまず、わが子への人間教育の達成すべき最低限の目標であると考えている。

そして今、わが子が大きくなるにつれ、この最低目標の達成だけではやはり不十分であろうと思い始めた。わが子は一人の日本人として生まれてきた以上、その彼をまさに一人の正真正銘の日本人として、日本の精神をきちんと受け継いだ素晴らしい日本人として育てていかなければならないと思っているのである。

このような日本人となるためには、上述に羅列しているような正しい人間としての素質や美徳をきちんと身につけてもらうのと同時に、やはりそれ以上のもの、それこそが「日本の心」のもっとも本質的なものを習得してもらわなければならないのではないか。

この「日本の心の本質的なもの」とはいったい何か。少なくとも私自身の理解では、それは何といってもやはり、清らかさや潔さといった大和言葉で表現されているような日本伝来の心の美しさであり、いわば日本的美学たるものであろう。もちろんそれは、「清き明《あか》き心」を何よりも尊ぶ日本人の民族宗教である神道から発したところの、日本精神の根底をなすものであると思う。

したがって私としては、将来のわが子を、少しでも日本的な美しい心を受け継ぐような人間として育てていくことが何よりも大事であると考えている。が、そのためには、この子にいったいどのような「教材」をもって、どのようなことを教えたらよいのだろうか。

その答えは当然、日本国の素晴らしい歴史にあると思う。そう、この国の長い歴史のなかで生きていた多くの素晴らしい先人たちの、日本人としての生き方や行いと、その生き方と行いにおいて輝いた日本人の心の美学。それらがすべて、わが子の精神教育のための恰好のテキストとなるのである。とくに、この本のテーマでもある、多くの先人たちによって実践されてきた日本独特の武士道精神こそが、日本の心と日本の美学の集大成であり、人間教育のための精神的糧《かて》である。

そして、日本的美学と武士道精神を具現化した史上最高の日本人、日本武士のなかの武士、この国の歴史のなかで輝いたもっとも素晴らしい人物といえば、それは間違いなく、私自身が敬慕してやまない、かの西郷隆盛、東洋最大の英雄と先聖である南洲翁なのである。

◆西郷南洲翁の美しい心と武士道精神

西郷南洲翁こそが、日本的美学、日本の武士道精神の完全な代表格であると私は思う。じつは元中国人である私が多少なりとも日本の美学と武士道の心を理解できるようになったのもやはり、西郷南洲という人物の生き方と死に方を知ってからのことである。

周知のとおり、幕末維新の歴史において、西郷隆盛こそは、維新という回天の大業を成し遂げた最大の功労者であり、最大のカリスマであった。しかし彼には、それを利用して自分の政治的野心や私利私欲を満たそうとする考えは露ほどもなかったように思われる。

明治新政府が成立した時、彼はその最大の功労者として高位高禄を約束されていたにもかかわらず、あっさりとそれを辞して故郷に帰り、犬と猟師と山川を相手に、野人同然の生活を楽しんだ。

「征韓論」をめぐる政争に敗れたとき、彼は兵力を一手に握る実力者の立場にありながら、クーデターなどを起こして自らの主張を押し付けたり、自分の地位を守ったりするようなことはいっさいしなかった。

彼はただ潔く官職を辞して、故郷の鹿児島に戻った。そして、純粋な青年たちと起居をともにして、芋飯を常食する生活を送った。昼間は自分で肥料桶を担いで農耕に励み、夜間は学問をして過ごした。新政府に請われて官職についたときにも、簡素な着物に兵児帯《へこおび》という文字どおりの弊衣を身にまとい、茅屋に住むという質素極まりない生活を送った。

私の出身国である中国の歴史上では、政略家としての西郷南洲以上に、権略詐術を駆使して一世を圧倒するような英雄豪傑がいくらでも輩出した。

しかし、それらの英雄豪傑からは、日本の西郷南洲のような無私にして高潔の士は、ついに一人も出なかった。英雄豪傑であればあるほど、個人的な権勢や一族の栄達を求めて独裁者への道を歩んでいくのが、中国の歴史のつねであった。権力はけっして私利私欲の限界を超越することができない。それこそが中国社会の法則であり、中国の歴史の不幸の源でもあった。

しかし日本の西郷南洲は、それを見事に超越した。

日本史上最大の政略家でありながら、この世の権勢や栄達富貴をいくらでも手に入れられる立場にありながら、彼はどこまでもその高潔無比、清誠純一の生き方を貫き、どこまでも「一点の私心もない光風清月の人」（伊藤博文）でありつづけた。

のちに犬養毅《いぬかいつよし》が評したように、西郷南洲こそが、その一生において「まったく彼他《ひた》の見《けん》、利害の念を離脱した心境に到達した」人物であるが、彼はいったいどのようにしてこのような心境に達することができたのであろうか。

西郷南洲の人格形成のプロセスを見てみると、彼はまた、当時の武士たちと同じように、いわゆる儒教教育のなかで育った人間であった。薩摩藩独特の郷中《ごうちゅう》教育を通じて、あるいは藩校の造士館での教育を通じて、彼は儒教の経典である四書五経を熟読し、人並み以上の儒教的教養を身につけた。その後、薩摩藩により沖永良部島《おきのえらぶじま》に流されたとき、彼はまた陽明学者の川口雪蓬《かわぐちせっぽう》の指導を受け、陽明学および儒学への理解を深めた。

彼は参禅もした。故郷にいた十九歳から二十五歳までのあいだに、西郷は地元の傑僧といわれた無参禅師《むさんぜんじ》に参じて曹洞宗《そうとう》を学び、厳しい禅の修行を重ねた。

彼はまた、漢詩の作り手でもあった。その四八四篇の自作漢詩のなかで、彼は中国古代の荘子《そうし》や陶淵明《とうえんめい》などの高潔の士にたいする傾倒を吐露している。

「雪に耐えて梅花麗《うるわ》しく、霜を経て楓葉丹《あか》し」という彼のこの一句には、元中国人の私が深い感動を覚える。

いってみれば、儒学を学び、禅に参じて漢詩を詠む。この典型的な日本武士は、いわゆる東洋的教養人の典型でもあった。武士の魂と儒教の理念と禅の境地が結合して渾然一体となって、西郷南洲という高潔無比、純一至大の人格をつくりあげた。

そういう意味では、彼こそは、この東洋の世界が古来から求めつづけてきた、もっとも理想的な人格の持ち主である「君子」そのものなのである。

西郷南洲という、この円熟した完璧な人格において、彼が貫いたその高潔無比の生き方において、儒教はその「修身斉家治国平天下《しゆうしんさいかちこくへいてんか》」の理想の実現を見出した。いわゆる東洋的理想が、そのもっとも相応しい具現者を得たのである。

そして、その人生の最期のとき、政府軍の弾雨のなか、「もう、ここでよか」の淡々たる一言を発して、従容として最期を迎えた。彼はもっとも武士らしい死に方をもって、その日本武士の魂の真骨頂を見せた。彼はこれで武士としての人生を見事に完結させ、自らの生と死をもって、もっとも理想的な武士像を完成させた。

高潔にして清廉潔白、名利に淡白でありながら使命感に燃え、思いはつねに天下国家と万民のためにある。生前はどこまでもその清らかな生き方を貫き、死ぬときには潔く世を辞する。西郷南洲によって具現化されたこのような人間精神は、まさに日本的美学と武士道精神の真髄たるものであろう。

しかし残念ながら、戦後六十数年にして、日本の誇るべき武士道の精神は、徐々にこの日本の国から消えていく。官僚は天下国家を担おうとする気概を失い、自らの保身と天下り先の確保に走ってしまう。政治家たちはとっくにカネと票数の亡者となってしまい、人気取りの国内政治と弱腰の対外外交を行う以外に能のない人種となっている。そして国民の多くもまた、国民としての自覚や国家意識をどこかに捨て置き、武士道とは無縁の矮小化した「商人社会」のなかに身を委ねている。社会全体はいつの間にか、節度も清らかさも忘れ去られたような殺伐とした世の中となっている。

政治、経済、社会のあらゆる面において、心と精神が失われて退化しつつあるというのが、まさに日本国の置かれている嘆かわしい現状そのものであるが、わが子がこの時代の日本に生まれてきて、一人の日本人として生きていくのであればなおさら、素晴らしい先人の西郷南洲翁を手本とする心の教育を彼に施さなければならない。そして、このような心の教育を施すことによって、この子を南洲翁の精神と美学を少しでも受け継いでくれるような「武士」として、そして「君子」として育てていきたいのである。

そのためには、西郷隆盛の人間形成の糧にもなった、東洋的教養としての儒教や仏教、漢詩や和歌などの薫陶をわが子に受けさせる必要もあるが、それと同時に、いやそれ以上に、西郷南洲の人生そのものを生きた教材として、西郷南洲の生き方、西郷南洲のすべてを人間精神の見本としてわが子にたっぷりと教えていきたい。

その結果、日本人として成長していくわが子が、少しでも西郷南洲の精神と美学に近づけるような立派な「武士」と「君子」になってくれれば、そしてわが子とその同世代の将来の日本人たちが、この国の素晴らしい伝統を取り戻して日本をよりいっそう素晴らしい国につくりなおしてくれれば、それはどれほど素晴らしいことであろうか。

父親としての私は、すでにこのような夢を見て心を酔わせているのである。

◆日本人としてのアイデンティティーをいかに確立するか

しかし、わが子をこのような日本人に育てていくのには、親としての私にはもう一つ大きな課題が残されている。それはすなわち、この子の日本人としてのアイデンティティーをいかにして確立させるのか、である。

いまはすでに日本国籍に帰化している私と、生粋の日本人であるわが妻とのあいだに生まれたこの子は、当然生まれながらの日本人であり、将来は日本人としての一生を送っていくのであろう。

しかしながら、この子の父親の私は、間違いなく中国の出身者であり、漢民族の血統と伝統を受け継いでいるものである。それは変えられない事実である。

八歳になったわが子は、この事実をすでに知っており、「お父さんはもともと中国人だ」と認識しているのである。つまり彼は今後、日本人として生まれていながらも自分の血に漢民族のＤＮＡが流れていることがいずれ分かってくるし、自分が漢民族の伝統的系譜に連なる一人であることも認識してしまう。しかしそのときから、彼はいったいどうやって日本人としての自分のアイデンティティーを確立していくのだろうか。

また、わが子が成長するにしたがって、私としては徐々に、彼に『論語』や漢詩などの中国の古典や文学もたっぷりと教えるつもりである。西郷南洲などの先哲の成長史を見れば分かるように、中国の古典と文学は東洋的教養の欠かせない一部であり、「素晴らしい日本人」となるために必要な養分であろう。

しかしながら、もともと漢民族のＤＮＡをもつわが子が中国的文化伝統に触れて魅了されていくなかで、彼ははたしてそれを相対化して「中国」との距離を保ったまま、文化的意味合いにおいての日本人としての自己を確立することができるのだろうか。彼は教養としての「中国」を吸収して楽しみながら、なおかつ日本の伝統と文化にたいする誇りを強くもって、日本人としての自覚を深めることができるのだろうか。

そしてそのとき、父親と人生の案内人としての私は、彼のアイデンティティー確立をいったいどうサポートすべきなのか。私はいったい、どのようなことを彼に教えることによって、その人生最大の課題解決の一助になれるのだろうか。

この答えもやはり、日本の歴史にある。じつは、西郷南洲翁より二百数年前に生まれた一人の日本の先哲は、まさにわが子のアイデンティティー確立の大きな助けとなるような素晴らしい思想を生み出しているのである。

この先哲とはすなわち、江戸前期の優れた儒学者、兵学者で、偉大なる思想家の山鹿素行《やまがそこう》である。

山鹿素行の経歴と人物像を簡単に記しておく。武士の家系に生まれた彼は、九歳のとき(寛永七年＝一六三〇年)に江戸儒学の大御所である林羅山《はやしらざん》の門下に入って儒学を学んだ。その二年後の寛永九年、弱冠十一歳の山鹿少年は、松江藩主の堀尾山城守から二〇〇石の禄で召抱えの申し出を受けたほどの優れた儒学者に成長していた。その後、素行の勉学は日本の国学のほうへ進むが、歌学の研鑽を十分に積んだのち、十八歳のときに高野山の学僧である光宥《こうゆう》から『日本書紀』神代巻の講義を受け、二十歳のときには、天孫降臨の際に天児屋命《あめのこやねのみこと》とともに功労のあった忌部太玉命《いんべふとだまのみこと》の後裔で、忌部流根本宗源神道を提唱した国学者、広田坦斎《ひろたたんさい》から神道の奥義を残らず授けられた。

その間、素行は当代一の軍学者の北条氏長《うじなが》に師事して兵法を学び、のちの軍学者としての学問的基盤を築いたが、じつは北条流軍学は「天照大神信仰」と神道を中心的指導原理としており、まさに日本の伝統的精神を兵法の根底におくものである。

このように、歌学の研鑽、神道の伝授、および神道を指導原理とする北条流軍学の勉学を経て、もともと儒学者として世に出た山鹿素行は、やがてこの時代の日本の代表的な軍学者として大成していったが、それと同時に、その学問の根底をなす素行の思想そのものは、まさに「コペルニクス的転回」ともいうべき飛躍的進化を成し遂げたのである。

◆素行の『中朝事実』は必須の教科書である

素行がこの革命的進化を成し遂げたプロセスと進化の中身はこうである。

素行がもともと林羅山門下の儒学者として世に出たことは前述のとおりであるが、羅山を中心とする当時の江戸儒学は、主に中国の宋《そう》の時代に生まれた朱子学を基本にしていた。儒学本来の生きた思想が朱子学の観念論の殻に閉じ込められて、その生命力を徐々に失っていく状況である。実際、中国大陸においてはそのとき、まさに朱子学の「窒息効果」によって儒学はとっくに死んでいる。

日本の場合、幸いにしてわが山鹿素行がいたのである。朱子学の弊害をその独特の慧眼《けいがん》をもって看破し、朱子学なんかをさっさと捨てて一気に儒学始祖の孔子に回帰し、本物の「聖教」に依るべきだ、と提唱したのはまさに素行である。それはすなわち素行による「古学の提唱」という、日本の儒学史上画期的な出来事であるが、その後、素行の思想は荻生徂徠《おぎゆうそらい》や伊藤仁斎《いとうじんさい》によって継承され発展されて、「孔子に戻ろう」とする古学が江戸儒学の主流となっていく。その結果、朱子学によって窒息させられる寸前の儒学は日本の地において再び生気を取り戻して新しい生命力を得たのである。

その意味において、山鹿素行こそが日本における儒学再生の最大の功労者であり、儒学そのものにとっての「命の恩人」でもある。

しかし朱子学の否定につながった素行の主張は、時の権力者の逆鱗《げきりん》に触れることになった。四代将軍家綱《いえつな》の補佐役である保科正之《ほしなまさゆき》がその人である。それこそ堅物の朱子学遵奉《じゅんぽう》者《しゃ》である保科は、どうしても素行のことを許せないのである。

寛文六年（一六六六年）素行四十四歳のとき、弾圧がついに加えられた。幕府大政参与である保科の命によって、素行は江戸から追放され、赤穂《あこう》藩へと配流された。素行はそこで九年間、流刑の身となって人生のもっとも暗澹《あんたん》たる時代を送ることになったが、まさにこのような逆境のなかで、日本の思想史上もっとも素晴らしい「コペルニクス的転回」が彼の手によって成し遂げられた。

流刑のなかで、素行の思想は「古学への回帰」からさらに一歩進んだ。彼はこう考えるようになったのである。

なるほど、後世の朱子学とは違って、孔子の教えこそが本当の聖教であり、孔子の道こそが聖人の道である。そして、孔子の聖教の根本はすなわち「天地の至誠」と「神聖の徳行」をもって天下を治め、「道義の国」をこの世に実現させるという「治国の道」に他ならない。しかしよく考えてみれば、じつは孔子の教えが漢籍として日本に伝わってきたはるか前から、わが神国日本には「天地の至誠」と「神聖の徳行」を兼ねた「明徳」はすでに十分に備わっていたのである。そう、天孫降臨の際の神勅や智仁勇の三徳を表す三種の神器がまさにわが国日本の「聖教の淵源」であり、天照大神より歴代の天皇へと授受されたわが日本の神道こそが「真の聖教」なのである。そして、王朝の興廃が頻繁に起きて政治の乱れや伝統の断絶がつねに起きる中国とは違って、わが日本においてこそ万世一系の皇室のもとで延々脈々と「聖教」の道が守られて万民に広がり、孔子の夢見る「道義の国」が実現されてきたわけである。

したがって、聖人の道を一貫して実現させてきたわが日本国こそが、本物の「道義国家」である。「中華」や「中朝」だと賛美されて崇《あが》められてきた中国よりも、わが日本国こそが本物の「中華」であり、まさに「真中の王朝」としての「中朝」なのである。

以上は、山鹿素行がその流刑生活のなかで書いた不朽の名著である『中朝事実《ちゅうちょうじじつ》』の概要の一部であるが、素行はまさにこの一冊をもって日本思想史上の「コペルニクス的転回」を成し遂げた。

当時の日本では、江戸の初期から儒学を「官学」として全面的に導入してきた経緯があって、隣の国の中国を「聖教の本場」として、あるいは日本にとっての「文化的宗主国」として崇める風潮があった。たとえば当時の代表的な儒学者である荻生徂徠は、江戸の日本橋から品川へ引っ越しただけで、「これで中国（唐）に少し近づいた」と大喜びしたのがその一例である。とにかく江戸時代の多くのエリート階層の武士や知識人にとって、中国こそが「聖人の国」であり、「有徳の国」であり、文字どおりの「中華の国」なのである。

このような悪しき風潮を一喝して日本人の「シナ中心文明観」をひっくり返したのは、まさに山鹿素行の『中朝事実』である。そんな馬鹿なことはない、遠い昔の神代より「聖人の道」を実践してきたのはむしろわが日本国のほうではないのか。わが日本国こそが「中華」と称するのに相応しい有徳の国ではないのか。そして中国人の孔子が提唱した「聖教」たるものは、むしろこの日本の国において生かされているのではないのか。このような強烈なメッセージを発した素行の『中朝事実』は、まさに日本にとっての「文明国独立宣言」であり、「中華」を乗りこえての、理念と道義における日本優位の確立である。

◆日本に生きるのは本当の「中華」に生きること

じつは筆者の私自身も、素行の書物に初めて接したときには、衝撃を受けながらも、まさに「わが意を得たり」という感激ぶりであった。子供時代にわが漢方医の祖父から教わった孔子の『論語』の精神が、中国よりもむしろこの日本の地において息づいているのではないかというのは、まさに私自身が来日してからの日々の生活のなかで強く感じたことであるが、素行が論じたことは私の個人的体験の背後にある歴史的真実と必然性を教えてくれたのである。そして、「日本こそが本当の中華である」という素行のこの古今無双の不朽の名論は、私を日本帰依へと導いた思想的道標の一つともなった。山鹿素行という素晴らしい先哲にはただただ感謝するのみである。

そしていずれ、今度は私が自分の子供に素行のことを教えてやる日がやってくるのであろう。生まれてきたわが子がいずれ大きくなって自分のアイデンティティーの確立という人生の課題に直面したとき、そして中国人の血統と伝統を受け継いだ自分と、日本人として生きていく自分とのギャップに悩みに悩んだとき、そのときには、私は素行の伝記と不朽の名著である『中朝事実』をポンと彼の前に出してこういうのであろう。

「お前はいったい何を悩んでいるのか。これをじっくりと読んでみよ。お前がこの日本に生きていることは、すなわち本当の『中華』に生きていることだ。お前が良い日本人となることはすなわち、お前がその血を受け継いだ中国の先人が理想とする良い人間となることだ。そう、お前は良い日本人になればそれでよい。お前の父親よりもずっと良い日本人になればよいのだ。それ以上、悩むことが何かあるのか」と。

そして、もしわが子が私のいうとおりに心を入れて山鹿素行をじっくりと読んで、「日本はすなわち本物の中華」の奥義をきちんと理解してくれれば、しかもまた西郷南洲翁を手本にして自分の精神と人格を鍛えて高めていけば、彼はいずれきっと、誰にたいしても恥ずかしくないような良い日本人になってくれるだろうと私は信じているのである。

そして、このような良い日本人の一人を世に送ることができることはまた、帰化人としての私の、わが祖国日本へのささやかな恩返しとなるのであろう。

令和二年一月

奈良市内・独楽庵にて

第一章

源義経に見る「武士道」の理想と原型

◆「武士道の源流」を語るのにふさわしい人物

日本伝来の武士道精神の探究をテーマとする本書は、源 義経《みなもとのよしつね》を語ることから始めようと思う。

その理由の一つはやはり、義経が活躍した時代は「武士」が日本史の表舞台に登場してくるという「武士の時代」の始まりだからである。

平安後期までは、武士たるものはもっぱら「侍《さむらい》」として王朝と貴族たちを護衛するような役割を引き受けて、いわば武人としての「使用人」の立場に甘んじていた。その後、律令制崩壊ののちに日本各地で荘園が発達してきたなかで、最初は貴族や王朝から荘園を守ることを任された武人たちが、やがて自らの領地をもつようになった。それはすなわち、独立の経済基盤をもつ武士階層の始まりである。

その一方、中央では清和源氏や桓武平氏のような軍事貴族も台頭してきて、政治に関与して力をもつようになった。そして、中央を押さえた軍事貴族が在地の武人たちと結合して一大勢力を形成していく。武士たちはやがて全国の軍事権や警察権を手に入れて武士による政治を行い、それが鎌倉幕府の成立に繋がって日本史における武士の時代を開いた、ということである。

そういう意味では、桓武平氏が天下を取った一一五九年の「平治の乱」から、清和源氏による鎌倉幕府創立の一一九二年までの時期は、まさに日本史上の「武士成立」の時期であるから、武士道の源流あるいは原型をこの時代に求めるのは、むしろ当然のことであろう。

本書が義経を語ることから始まることの理由の一つは、まさにここにある。源義経なる人物は、紛れもなく上述の「武士成立」の時代を生き、「武士の世」を開くために大きな役割を果たした一人だったからである。

しかしそれだけでは、義経をつかまえて「武士道の源流」云々というには理由として不十分であろう。たしかに義経は武士の時代の草創期において大きな役割を果たした一人であるが、そのときに活躍したのは何も義経だけではない。歴史の本筋からすれば、武士の時代の草創とその確立において主導的な役割を果たしたのは、むしろ平清盛《たいらのきよもり》と源頼朝《よりとも》の二人である。とくに頼朝の場合、彼は武士による「長期政権」の鎌倉幕府を成立させ、徳川時代に至るまでの武家政治の根幹を築き上げた最大の立役者である。したがって武士の時代の始祖ともいうべき人物である。本来なら、この頼朝こそがその時代の代表者であり、主人公なのである。その一方、頼朝が平家を倒して幕府政権をつくりあげたそのプロセスにおいて、かの義経はただ、その軍事面での補佐役として、つまり歴史の脇役として活躍していた人物の一人にすぎない、ともいえるのであろう。

しかしそれでも、本書はやはり義経から「武士道」を語らなければならない。その理由はじつに簡単である。

たしかに義経が生きた時代において、義経自身よりも、むしろ平清盛と源頼朝の二人が時代の主役を務めて武士政権の創始者となったのは歴史の事実であろう。しかし後世においてというよりもその後の日本史全体を通して、生前は頼朝の一補佐役にすぎなかったはずの義経が逆に、その時代を代表する最大のヒーローとして、しかも日本史上最大の英雄の一人として祭り上げられたわけである。つまり、日本史上の武士政権の創始者は源頼朝であるにもかかわらず、日本史上において英雄となった最初の武士は、むしろ義経なのである。

まさにそういう意味において、「武士とは何か」を語る本書は、やはり「義経」から始まらなければならないが、ここに出てくるもう一つの問題はすなわち、いったいどうして、武士の世をつくりあげた主役の清盛や頼朝ではなく、むしろ歴史の脇役である義経のほうがこの時代を代表する最大の英雄となったのか、である。

◆「義経像」に隠された「武士の理想」

この問題を持ち出されると、おそらく大半の日本人の脳裏に浮かんでくるのは「判官《ほうがん》贔屓《びいき》」という言葉であろう。そう、源平合戦ののちに義経の被《こうむ》った不遇とその悲劇の最期が、後世の日本人に「判官贔屓」としかいいようのない特別の感情を呼び起こして、それが「英雄としての義経像」をつくりあげた大きな要因となっているはずだ。

そして、義経にたいする後世の人々の「判官贔屓」はやがて、一連の「義経伝説」を生み出したことは周知のとおりである。現在、歴史学上の定説からすれば、義経にまつわる記述や物語の一部は確かな歴史の事実ではあるが、そのかなり大きな部分はたんなる後世の創作であることが明らかである。具体的にいえば、義経が頼朝の異母兄弟として生まれたことや、成人してから兄の頼朝の率いる「反乱部隊」に合流したことや、のちに頼朝の「代官」として源氏軍を率いて一ノ谷や壇ノ浦などでの合戦で平家軍を殲滅《せんめつ》したことや、そして「謀反人」として追われる身となり、平泉の地で最期を遂げたことなどは、おおむね史実であろう。その一方、『義経記《ぎけいき》』などによって語られる義経の少年期のことや鞍馬《くらま》山中での武者修行伝説や、あるいは追われる身となったあとに「弁慶」に守られて各地を転々とした「逃亡物語」などは、ほとんど後世の創作であることが分かっている。

いってみれば、後世に残されている「英雄としての義経像」の半分は史実によって、もう半分は創作上の伝説によってつくりあげられているものである。

ならば、義経を日本史上最初の「武士としての英雄」として取り上げてそこから「武士道精神」の原型を探ろうとする本書は、「義経像」の史実の部分と伝説の部分をどう区別して取り扱うのかが一つの問題となってくると思われるかもしれない。だがじつは、著者の私自身はまったくこの「問題」を気にしていない。本書はいっさいこういう区別を無視して、「義経像」の史実の部分と伝説の部分を「英雄としての義経像」の構成要素として平等に取り扱うつもりである。

こうすることの理由はじつに明快である。本書はべつに史実に基づいた「義経伝」の構築を意図するものではない。本書が冒頭から義経を取り上げて論ずることの狙いはただ一つ、要するに義経という「英雄像」への透視から、この「英雄像」に凝縮されている「武士道精神」の原型を掘り出そうとすることにある。

したがって本書が相手にしているのは実在の歴史的人物の源義経ではなく、むしろ「英雄としての義経像」である。その際、この「義経像」をつくりあげているのが伝説だろうと創作だろうと、いっこうに構わない。たんなる史実よりも、創作や伝説のほうが「英雄としての義経像」の形成に大きく貢献しているはずだから、それらの部分はむしろより重視すべきであろう。

したがって本書のこの第一章は、いまから史実としてあるいは伝説として語り継がれてきた〝義経物語〟のすべてを材料として検証しながら、「英雄としての義経像」はいったいどういうものだったのか、その背後に隠されている「武士道精神の原型」とはいったい何かを探っていこうとするものである。

そのための前段的準備として、ここではまず一度、史実と伝説の両方から構成されている義経の生平《せいへい》（生涯）と事績を概要的に記しておこう。

源義経は平治元年（一一五九年）に河内源氏の源義朝の九男として生まれる。幼名は牛《うし》若丸《わかまる》と呼ばれた。平治の乱で源家が平家に敗れて父も敗死したのち、一時には京の鞍馬寺に預けられ、そこで少年時代を送ったが、のちに奥州平泉へ下り、奥州藤原氏当主の藤《ふじ》原秀衡《わらのひでひら》の庇護を受けることになる。

治承四年（一一八〇年）に兄の源頼朝が平氏打倒の兵を挙げると、義経は直ちにそれに馳せ参じた。一ノ谷、屋島、壇ノ浦の合戦では、源氏軍の総大将として連勝を収めて平家を滅ぼし、その最大の功労者となった。その後、頼朝の許可を得ることなく朝廷から官位を受けたことなどから頼朝と対立関係となり、ついには朝敵とされた。全国に捕縛の命が伝わると、義経は難を逃れて逃亡先を転々とし、のちには再び藤原秀衡を頼った。しかし秀衡の死後、頼朝の追及を受けた当主藤原泰衡《やすひら》に攻められ、衣川館《ころもがわのたち》で自刃して果てた。

以上が〝義経物語〟の概要であるが、実在の人物としての義経が確かな歴史に現れるのは、黄瀬川《きせがわ》で頼朝と対面した二十二歳から、三十一歳で自害するまでのわずか九年間であり、その前半生は史料と呼べる記録はなく、不明な点が多い。今日伝わっている牛若丸の物語は、歴史書である『吾妻鏡《あずまかがみ》』に短く記された記録と、『平治物語』や『源平盛衰記《げんぺいせいすいき》』の軍記物語、それらの集大成としてより虚構を加えた物語である『義経記』などによるものであるといわれている。

義経伝説のなかでもとくに有名な武蔵坊弁慶との京の五条の大橋での出会い、陰陽師《おんみようじ》鬼一法眼《きいちほうげん》の娘と通じて伝家の兵書『六韜《りくとう》』『三略《さんりやく》』を盗み出して学んだ話、衣川の戦いでの弁慶の立ち往生伝説などは、死後二百年後の室町時代初期のころに成立したといわれる『義経記』を通じて世上に広まった物語である。

◆「死ぬ覚悟で戦う」のが武士である

以上のような準備段階を経て、われわれはやっといまから、史実と伝説の両方によってつくりあげられた英雄としての「義経像」を解析して、そこに隠されている「武士道」の原型を探る作業に入ることができるのである。

まず史実の面から見ると、義経が総大将として源氏の軍を率い、宇治川の戦いでは木曾《きそ》義仲《よしなか》を破り、一ノ谷、屋島、壇ノ浦の合戦では鮮やかな戦い方で平家の軍を全滅させたその戦績こそが、源義経という人物を英雄にしてしまった最大の要因の一つであるといわざるをえない。上述の四つの合戦と、それらの合戦における義経の奮戦と勝利がなければ、義経がけっして英雄になれるわけもないし、そもそも歴史に残るようなことすらない。

要するに勝ったからこそ英雄となったということではあるが、結果的に勝ったからというだけの理由で、義経が後世においてあれほどの英雄に祭り上げられた、というわけでもない。ポイントはむしろその勝ち方であろう。

壇ノ浦で最後の決戦に臨むまで、義経が戦った合戦のすべては決死の突撃を基本的戦法とし、いわば捨て身の戦いをその特徴とするものである。木曾義仲と対戦した宇治川の戦いでは、義経軍は敵軍の矢が降り注ぐなかで、難所の宇治川を徒歩で渡って対岸の敵陣に突撃した。敵方の意表をついたこの決死の宇治川渡りが敢行されたからこそ、義経軍は勝利を収めた。そして有名な一ノ谷の合戦では、義経はわずか七〇騎を率いて人馬の超えられぬ鵯越《ひよどりごえ》の難路を突破して、断崖絶壁の上からの決死の奇襲を強行し、奇跡的な大勝利を手に入れた。屋島の合戦でも、義経が暴風雨のなかで少数の船で出撃を敢行したことが、勝敗を決する決め手となったわけである。

それらの合戦は後世においては鮮やかな奇襲作戦の勝利として語り継がれているが、作戦を敢行した義経軍と義経自身にとって、そのいずれも最初から万全を期したような自信満々の勝ち戦であるはずもない。矢が降り注ぐなかの宇治川渡りにしても、一ノ谷での断崖絶壁からの突撃にしても、屋島へ向かっての暴風のなかの船出にしても、どれも危険度の非常に高い作戦であり、死を覚悟したうえでの軍事行動であることはいうまでもない。

総大将としてこのような作戦を決行した義経には、冷静な戦況判断や戦機を見る機敏さなども必要であろうが、やはりそれ以上に、戦いに際しての捨て身の覚悟と、死を恐れない勇敢さがもっとも大事であろう。要するに、いざとなると命を捨てる覚悟で果敢に戦うという心構えと精神こそが、義経を奇跡的な勝利に導いた最大の要素であると思う。逆にいえば、このような心構えと精神をもって決死の突撃を敢行して鮮やかな大勝利を次から次へと手に入れたからこそ、義経はこの時代を代表する最大の英雄となりえた。そして後世に語り継がれるような武士のなかの武士となるのである。

いってみれば、「死ぬ覚悟で戦う」という精神がまさに義経が義経たりえたことのゆえんであるが、じつは、まさにこのような「義経精神」から、われわれは「義経像」に隠されている武士道的理想の原型の一端を見取ることができるのではないかと思う。

そう、「死ぬ覚悟で戦う」、それこそが武士道精神の真髄なのである。戦うだけではただの「武人」であるが、「死ぬ覚悟で戦う」のが武士なのである。

義経の生きた時代よりはるか後世に成立した「武士のバイブル」の『葉隠《はがくれ》』が、「武士道と云ふは死ぬ事と見付けたり」と語ったことの深意もまさにここにあるのではないかと思う。死ぬことを恐れない、何らかの大義のために死ぬ覚悟で戦う。このような精神こそが、義経から始まって楠木正成《くすのきまさしげ》や吉田松陰や西郷隆盛などを経て昭和の神風特攻隊員に至るまで脈々と受け継がれてきた、日本の武士道精神の根本なのである。

◆悲惨な最期に至る転落劇

以上では、義経が戦った四つの合戦から、英雄としての「義経像」と、その背後に隠されている「武士道精神」の原型の一端を見取ることができた。しかしよく考えてみれば、義経が大軍を率いて合戦に勝ちつづけたのは、寿永二年（一一八三年）から四年（一一八五年）までの二年間だけである。元暦二年（一一八五年）三月に壇ノ浦で歴史的勝利を勝ち取ったその直後から、兄の頼朝との不和と軋轢《あつれき》が原因となって、彼は一転して凋落一直線の道をたどり、破滅の結末へと追い込まれていったことは周知のとおりである。

要するに、義経という人が武将として輝いた時期はわずか二年しかない。いきなり咲きはじめていきなり散っていったというのはまさに義経の人生そのものである。ここでもやはり、花のごとく潔く散ることを美学とする「武士道精神」の原型を認めることができるのであろうが、後世に成立した多くの〝義経物語〟においてよく語り継がれているのは、義経の輝かしい合戦の勝利よりも、むしろその破滅にいたるまでの転落劇である。

鎌倉への凱旋を頼朝に拒まれたことから始まった義経の転落劇の一部始終はこうである。

平家を滅ぼしたあとの元暦二年四月、頼朝は自分の内許を得ずに朝廷から官位を受けた関東の武士たちに激怒し、東国への帰還を禁じた。一方の義経は、頼朝のこの命令をあまり重視せず、壇ノ浦で捕えた平宗盛《むねもり》・清宗《きよむね》父子を護送して鎌倉に凱旋《がいせん》しようとした。義経に不信を抱いた頼朝は彼の鎌倉入りを許さず、宗盛父子のみを鎌倉に入れた。それがすなわち義経と頼朝との反目の始まりである。

のちに鎌倉幕府によって編集された史書の『吾妻鏡』の記述によると、義経が頼朝の怒りを買った原因は、彼自身が頼朝の許可なく朝廷から官位を受けたことのほかに、平氏追討にあたって軍監として頼朝から遣わされていた梶原景時《かじわらかげとき》の意見を聞かず、独断専行で事を進めたこと。さらに壇ノ浦の合戦後、義経が兄、範頼《のりより》の管轄であった九州にまで干渉したうえに、配下の東国武士を頼朝の裁断を待たずに勝手に成敗して武士たちの恨みを買うなど、専横の振る舞いが目立ったことによるものであるという。とくに許可なく官位を受けたことは重大で、官位を与えることができない頼朝の権威を根本から揺るがすものだった。そして義経の兵略と声望に法皇が信頼を寄せ、武士たちの人心を集めはじめたことは、武家政権の確立をめざす頼朝にとって脅威となるものであった。

このような記述から見ると、義経が兄の頼朝から疎まれたことの理由はじつに簡単である。要するに頼朝は、べつに義経にたいする個人的好き嫌いからではなく、むしろ自らの権威を維持するためという冷徹な政治的判断から、義経の疎外を決めた、ということである。

まさにこのような理由で義経の鎌倉凱旋を許さなかったわけだが、しばらくして頼朝が義経にたいして帰洛《きらく》を命じると、堪忍袋の緒が切れた義経は激高して、「関東に於《お》いて怨みを成す輩《やから》は、義経に属《つ》くべき」と言い放ったという。これを聞いた頼朝は、義経の所領をことごとく没収する。その後、頼朝は京に戻った義経の様子を探るべく梶原景季《かげすえ》という家来を遣わして、かつて義仲に従った叔父源行家《ゆきいえ》の追討を要請したが、義経は憔悴した態《てい》であらわれ、自身の病と行家が同じ源氏であることを理由に断った。

そしてこの年の十月、義経の病が仮病であり、すでに行家と同心していると判断した頼朝は義経討伐を決め、家人《けにん》土佐坊昌俊《とさのぼうしょうしゅん》を京へ送った。土佐坊ら六十余騎は京の義経邸を襲った（堀川夜討）が、自ら門戸を打って出て応戦する義経に行家が加わり、合戦は襲撃側の敗北に終わった。義経は、捕えた昌俊からこの襲撃が頼朝の命であることを聞き出すとこれを斬首して、行家とともに京で頼朝打倒の旗を挙げた。彼らは後白河法皇にふたたび奏上して頼朝追討の院宣《いんぜん》を得たが、京都周辺の武士たちは義経らに与《くみ》せず、逆に敵対する者も出てきた。さらにのち、法皇が今度は逆に義経追討の院宣を出したことから、義経たちはいっそうの窮地に陥った。

この院宣を奉じて頼朝が軍を率いて義経追討に向かうと、義経は西国で態勢を立て直すため九州行きを図った。一行は摂津《せっつ》国大物浦《だいもつのうら》（兵庫県尼崎市）から船団を組んで九州へ船出しようとしたが、途中暴風のために難破し、主従散りぢりとなって摂津に押し戻されてしまって、義経の九州落ちは不可能となった。そしてこの年の十一月二十五日、義経と行家を捕えよとの院宣が諸国に下された。

義経は郎党や愛妾の白拍子《しらびょうし》、静御前《しずかごぜん》をつれて吉野に身を隠したが、ここでも追討を受けて静御前が捕えられた。逃れた義経は反鎌倉の貴族、寺社勢力に匿《かくま》われ京都周辺に潜伏するが、翌年の文治二年（一一八六年）五月、和泉《いずみの》国で叔父・行家が鎌倉方に討ち取られ、各地に潜伏していた郎党たちも次々と発見され殺害される。そして院や貴族が義経を逃がしていることを疑う頼朝は、同年十一月に「京都側が義経に味方するならば大軍を送る」と恫喝《どうかつ》する。

京都に居られなくなった義経は、藤原秀衡を頼って奥州へ赴く。『吾妻鏡』の記録によると、義経は追捕《ついぶ》の網をかいくぐり、伊勢・美濃をへて奥州へ向かい、正妻と子らを伴って平泉に身を寄せた。一行は山伏《やまぶし》と稚児《ちご》の姿に身をやつしていたという。

一方の藤原秀衡は、関東以西を制覇した頼朝の勢力が奥州に及ぶことを警戒し、義経を将軍に立てて鎌倉に対抗しようとしたが、文治三年（一一八七年）に病没した。頼朝は秀衡の死を受けて跡を継いだ藤原泰衡に、義経を捕縛するよう朝廷を通じて強く圧力をかけた。結局泰衡は再三の鎌倉の圧力に屈して、文治五年（一一八九年）の閏《うるう》四月三十日、五〇〇騎の兵をもって十数騎の義経主従を藤原基成《もとなり》の衣川館に襲った。義経の郎党たちは防戦したが、ことごとく討たれた。館を平泉の兵に囲まれた義経は、いっさい戦うことをせず持仏堂に籠り、まず正妻の郷御前《さとごぜん》と四歳の女子を殺害したのち、自害して果てたという。

◆悲劇的敗者としての「義経像」

以上は多くの歴史書でよく記述されている義経の〝転落物語〟であるが、おそらく本書の読者の多くは、このあたりの歴史的記述を読んでいると、著者の私と同じような感想を抱いているのであろう。要するにこの一連の転落劇における義経の行動を見ていれば、ここでの義経ははたして源平の合戦であれほどの鮮やかな作戦を展開した義経と同じ人物なのか、と疑いたくなるのである。合戦で輝いたときの義経の行動パターンと、兄の頼朝との一連の確執やその逃亡劇における義経の行動パターンとは、まるで別人となったかのように違っているからである。

源平の合戦における義経の行動は、一貫して積極的で力強く、果敢かつ機敏だった。しかし頼朝との不和から破滅へと転落していくなかで、同じ義経という人物がむしろ消極的で受け身で行動の鈍い無力な人間となってしまう。頼朝からの冷酷な仕打ちを前にして、彼は最初から困惑して頼朝の思うままに翻弄されていたが、やむをえず鎌倉に反旗を翻したあとも、かつての源平合戦で奇襲を得意とした戦いの名人であるとは思えないほど、その動きはじつに鈍いものである。先手を次から次へと打ってくる頼朝の攻勢の前では、義経はほとんど有効な反抗手段を講じることもできずに、ただひたすら追い込まれて敗退していった。このプロセスのなかで見られた義経の不器用さと拙《つたな》さは、彼のことを英雄として敬慕する多くの歴史読者を苛立たせさえするであろう。

とにかく義経という人物は、大将として敵軍との堂々たる合戦では機敏かつ果敢に戦うことができたが、いざ身内のなかでの陰湿な権力闘争となると、まるっきり不器用な弱者となるのである。権力闘争の機微にはあまりにも鈍く、自己保身にはいかにも無頓着なのである。その一方、少年のような純情さや一途さを死ぬまで持ち続けたのも、またこの義経である。鎌倉への凱旋を拒まれて鎌倉郊外の山内《やまのうち》荘《しょう》腰越《こしごえ》の満福寺に留めおかれたとき、義経が兄頼朝にたいし自分が叛意のないことを示した有名な「腰越状」を読めば、彼はじつに純情にして愚直な人間であることがよく分かる。

そのとき、おそらく頼朝はとっくに義経の排除を心のなかで決めていたであろう。もちろんそれは、好き嫌いとかの個人的感情からの決断ではなく、むしろ権力の維持という冷徹な打算に基づくものである。頼朝にとって、最大の敵対軍事勢力の平家がすでに滅亡したあとには、戦の天才の義経はもはや無用の長物である。それどころか、「常勝の武将」の声望が高く、しかも源家《げんけ》の男子である義経の存在自体が、源家の跡継ぎとして武士の棟《とう》梁《りょう》の地位を固めようとする頼朝の地位にとって脅威となっているのだ。したがって頼朝にとって、義経はむしろ消えてもらわなければならない存在なのである。

そういう意味では、義経の鎌倉凱旋を拒否した段階で、頼朝がすでに義経の完全排除を考えていてもべつに何の不思議もない。実際、歴史上の源頼朝はまさにこのような冷酷な決断をできる人間なのである。そこにはもはや個人的好き嫌いや肉親の情とかが入ってくる余地はない。政治家としての頼朝が下さなければならない政治的決断があるのみだ。

しかし、そういうことがまるっきり分かっていないのは義経のほうである。頼朝に追い込まれた絶望的状況から脱出するために書いた「腰越状」では、義経は頼朝がもっとも忌《い》み嫌うはずの自分の「軍功」に触れる一方、「兄弟の契《ちぎ》り」などを持ち出して、もっぱら相手の情に訴えて自分への許しを乞うた。自分のおかれている客観的状況も頼朝の心中も知らずして、ただ「情」というものを信じてそれにすがろうとする義経の純情さは痛いほどのものだが、それは滑稽にも見えてくるのである。案の定、この涙ながらの「腰越状」を見たあとの頼朝の唯一の反応はすなわち、義経によりいっそうの追い打ちをかけることである。

結局、義経は政治家としての頼朝との「政争」においては完膚《かんぷ》なき敗北を喫して、わが身を滅ぼした人生の敗者となった。日本全国の武士の棟梁となって天下を取った頼朝の生前の成功と栄光に比べれば、義経は紛れもなくこの時代の敗北者なのであろう。

しかし歴史的に見ればたいへん興味深いことに、義経が死してからしばらく経った後世において、しかもそれ以来の日本史全体において、敗者であったはずの義経は、生前に栄光を極めた頼朝よりも誰よりも、まさにその時代を代表する最大の英雄として、日本的英雄の典型として語り継がれることになるのである。

そして、室町時代に成立した『義経記』がもっぱら義経の幼少期の生立《おいた》ちや、頼朝との確執から転落したあとの悲劇的な人生にスポットライトを当てていたように、後世において語り継がれている〝義経物語〟の多くは、武将としての義経の勝利と栄光よりも、むしろ敗者として凋落していく義経の失意の彷徨《ほうこう》と悲劇の最期を語るのに情熱を燃やしている。

その結果、史実であるはずの義経の合戦での勝利の歴史をかたわらにおいて、創作の成分の多い「義経転落物語」のほうが後世の「義経伝説」を形成するもっとも重要な部分となっている。そしてこの〝義経転落物語〟においてこそ、合戦の天才としての義経とは打って変わって、あの不器用な、世渡り下手の、純情にして愚直な義経が現れてくるというのは前述のとおりである。

だとすれば、後世の「義経伝説」によってつくりあげられた「英雄としての義経像」は、まさにこの「不器用な、世渡り下手の、純情にして愚直な」人物像の上で成り立っているのは明々白々のことであろう。

そう、合戦において果敢にして機敏な「義経」の人物像と並んで、「不器用な、世渡り下手の、純情にして愚直な義経」はまた、「英雄としての義経像」を形成する最大の要素の一つなのだ。そして後世の日本人は、まさに「判官贔屓」という言葉が示すように、この「不器用な、世渡り下手の、純情にして愚直な義経」を何よりも愛し、このような「義経」を最大の英雄として、武士のなかの武士と認知して敬慕しているのである。

そして、後世の人々が認知し、かつ敬慕しているこのような「義経像」においてこそ、日本人が心のなかで求めている「武士道」の理想があるという考え方に立つのであれば、われわれが本書において探している日本的「武士道精神」の原型たるものは、まさにこのような「不器用な、世渡り下手の、純情にして愚直な」義経像にあるのではないかということである。

本書がこれからも記述していくように、現在にいたるまでの日本史のなかで脈々と受け継がれてきた「日本武士」の理想像は、間違いなくこの「不器用な、世渡り下手の、純情にして愚直な」人間像をその一面として内包しているものである。日本史や時代劇が好きな読者なら誰でも知っているように、いわば典型的な「日本武士」とは、まさに次のような人間としてイメージされている。

武士はその本務である戦においては果敢かつ機敏に戦うが、自分の住む共同体の人間関係においてはあくまでも純情であり愚直でもある。そして、世の中の生存競争や出世競争にかんして、あるいは己《おのれ》の地位向上や保身を計るための権力闘争や権謀術数にかんして、真っすぐにして一途《いちず》な武士たちはいつも無頓着であり、不器用なのである。とにかく、果敢にして機敏でありながら、純情にして愚直であり、世渡りがけっして上手でないというのが、紛れもなく歴史上の「日本武士」の典型的イメージであろうが、このような「武士像」の原型は、まさにわが義経から発したものであることは明らかであろう。

そして、「死ぬ覚悟で戦う」というもう一つの「義経精神」は、「武士道精神」の原型の一端をなしていることは前述のとおりであるが、考えてみれば、この「死ぬ覚悟で戦う」という武士道精神はまた、「不器用な、世渡り下手の、純情にして愚直な」武士像とまったく相通じるものである。「純情にして愚直な」武士ほど、自己保身に「不器用」な人間ほど、自分の命を捨てる覚悟で戦うのである。

しかし、歴史上の「義経像」によって代弁されているこのような武士道精神は、ある意味では、個人としての武士自身の敗北と破滅を運命としているような悲劇的性格をもつものである。かの義経がまさに悲劇的な人物として破滅を迎えたように、命を捨てることを辞さない武士たち、自己保身には無頓着な武士たち、そして世渡りが下手な武士たちは、個人的には往々にして人生の敗北者になっていくしかない。それはまた、武士の哀しみというものであろう。

もちろんだからといって、武士と武士道がこのような哀しい悲劇性を捨てることもできない。人間としての義経がもし世渡り上手で自己保身に汲々としている人物であれば、あるいは彼が権謀術数に長《た》けて自らの地位を首尾よく守り通したような抜け目のない人間であれば、日本史の英雄としての「義経」はそもそも存在しないし、武士のなかの武士として語り継がれるような「義経」も最初からない。

実際、義経とは正反対に、まさに権謀術数に長けた抜け目のない政治的人間としてこの世の栄光と権勢を極めた兄の頼朝は、生前は「成功者」となり得たとしても、後世においてはけっして英雄として敬慕されていないし、義経のような武士のなかの武士とされることもない。いってみれば、敗者としての悲劇性こそが義経が「義経」たり得たことの理由であり、武士が武士たることの所以《ゆえん》なのである。

このような敗者としての悲劇性の背後にあるのはやはり、日本の武士道精神の根幹にある「武士の美学」であろう。政治的権謀術数も世渡りの上手さも汲々とした自己保身も全部、「潔《いさぎよ》くない」ものとして忌み嫌うという美的感覚がそれである。

まさにこのような美的感覚を強くもっているからこそ、あるいはそれを大事にしているからこそ、「義経」のような武士たちは世の中の生存競争や利得獲得のゲームにはつねに無頓着で不器用であり、それがゆえに悲劇の敗者となっていく以外にない。しかしそれでも、彼らにとって美学はやはり何よりも大事なのである。

いってみれば、敗者として悲劇の結末を迎えた義経によって具現化されたところの「敗者の美学」は、それこそが、われわれが義経という人物から探そうとした武士道精神の原型の最たるものなのであろう。

第二章

時頼と時宗

為政者倫理としての武士道の確立

◆「高貴なる者の義務」の確立

前章の主人公である源義経が滅んだあとの一一九二年、兄の源頼朝が征夷大将軍に任命されて鎌倉幕府を樹立した。そのことはいうまでもなく、日本における本格的な武家政権の草創を意味する画期的な出来事だ。つまり、武士の世がここから始まったのである。

いままでは文字どおり「侍《さむらい》」として朝廷に奉仕してきた武士たちは、一つの自立した階層として政権を取り、日本という国の実質上の支配者となった。それ以来六百八十年間、武士は日本社会の支配者階層たるエリート集団でありつづけたのである。

世界史上のどの国でもそうであろうが、一国の政権を担当するエリート集団は、自らを律するための行動規範や倫理精神をもたなければならない。アングロサクソンの世界では、それはすなわち本来の意味での「ノブレス・オブリージュ（高貴なる者の負う義務）」と呼ぶものである。中国では昔から、理想的な政治が「徳治」と名付けられて、「徳治」を実現するためにはまず為政者自身が「徳」を備えなければならないと説かれていたのも同じ意味である。そして日本の場合、鎌倉幕府の創立後、正真正銘の「為政者」となった日本の武士たちにとって、いわば「高貴なる者」としての行動規範や倫理精神の確立は、何よりも急務となったはずである。

が、幕府創立の早々、三代目で終わった源氏の将軍たちは、政権草創期の慌ただしさのなかではこのことを考えるような余裕がなかっただろうから、本腰を入れてこの仕事に着手したのは、北条泰時《ほうじょうやすとき》以降の北条得宗家《とくそうけ》の歴代執権《しっけん》である。半ばは武士の棟梁でありながら、半ばは京都の公家社会との文化的繋がりを誇りにしている「貴種」の将軍頼朝とは違って、執権として政権を担当することになった北条得宗家は、もともと関東の「田舎武士」の出身だから、生粋《きっすい》の武士以外の何者でもない。だからこそ、武士として武士政権の実質上の担当者となった彼らは、自らの規範と倫理を自らの手で打ち立てなければならないのである。

「承久の乱」を押さえつけて武士の政権を強固にしたのちに、北条泰時は「御成敗式目《ごせいばいしきもく》」という史上初の武家法を制定した。武士の手による、武士のためのこの法律は、まさに日本の武士階層が自らを律するための行動規範を成文化した初めての試みである。

五一カ条の条文からなる「御成敗式目」は、頼朝以来の先例（右大将家《うだいしょうけ》の例）や武家社会の道理を基準とし、御家人の権利義務や所領相続のルールにかんする規定を中心に、土地、財産、守護・地頭の職務内容、裁判、家族制度などの、多方面にわたる包括的な成文法である。それが成立したあとには鎌倉時代の武士社会の「基本法」として絶大な効力を発揮しただけでなく、後世の室町幕府や戦国時代の各大名たちの法律にも受け継がれて、いわば日本における武士の法的規範の原型をなしたものであろう。

しかし成文法としての「御成敗式目」は、あくまでも武士階層の成員の行動を外面から律するための法律である。エリート人間である武士をその内面から律するところの倫理精神ではない。この法律の成立をもって、為政者としての武士階層のノブレス・オブリージュが確立したとはいえない。エリートとしての武士にはやはり、エリートとしての心構えや精神、すなわち自分自身を律するための心の規範が必要なのである。

このような「武士のノブレス・オブリージュ」としての心の規範の創出の大仕事は、結局、泰時の孫と曾孫に当たる、北条時頼《ときより》と北条時宗《ときむね》という親子二代の執権の手に委ねられることになった。この二人の人物は、あるいは「廻国伝説」の主人公となった名執権として、あるいは蒙古《もうこ》の来襲を打ち破った救国の英雄として、日本の歴史に大きな痕跡を残していることは周知のとおりだ。そして、下記において詳しく述べていくように、時頼と時宗の二人は、まさに人生をかけてノブレス・オブリージュを立派に果たした為政者であり、いわば「高貴なる者」の見本となるべき人物なのである。

◆北条時頼の「撫民」と「倹約」

寛元四年（一二四六年）から康元元年（一二五六年）まで鎌倉幕府の五代執権を務めた時頼は、後世の伝説となるほどの立派な政治家として知られる。執権を務めた十年間、彼が「善政」の理念に基づく「撫民《ぶみん》政策」の推進に尽力したことは、各種の歴史書ではよく語られるような大きな業績だ。没落しつつある御家人《ごけにん》たちの救済だけでなく、武士政権として農民の保護と負担軽減に主眼をおいたこの政策は、まさに「善政」として賞賛すべきものである。

時頼による「撫民政策」の実例としてよく取り上げられているのは、建長五年（一二五三年）十月、執権である彼の指示に基づいて幕府が諸国郡郷庄園の地頭代《じとうだい》にたいして布告した十三カ条の「新制」である。そのなかの第十一条の「可致撫民事（撫民のことを致すべし）」は文字どおり「撫民」を目的とした条文である。

漢文で書かれているこの条文の日本語訳はおおむね下記のようなものである。

「右、或いは非法を以《もっ》て名田畠を上げ取り、その身を追い出し、或いは阿党《あとう》をなして民烟《みんえん》を煩わし、資財を奪い取るの由《よし》、その聞こえあり。所業の企て、はなはだ政道の法にあらず。おおよそ少事を以て煩費《はんぴ》を致すべからず。専《もっぱ》ら撫民の計らいを致し、農作の勇みを成すべし」

条文はまず、地頭代たちが現に行なっている、百姓にたいするさまざまな乱暴な侵害行為を指摘する。「非法を以て」百姓名の田畠を取り上げてそこで耕作している百姓を追い出したり、「阿党をなして」民の生活を破壊し、財産を奪い取るような行為である。そして条文ははっきりと、それらの行為は「政道の法」にあらず、つまりまったくの違法行為であると断じてそれを禁じた。こうしたうえで条文はさらに、農民の負担軽減や農業の振興をはかることを地頭代に命じたのである。

この条文を含めた十三カ条の「新制」が実施されたことでどのような喜ばしい変化が起きたかについて、歴史の記録が残されていないのでわれわれの知る由もないが、想像に任せると、それは当然、干天《かんてん》の慈《じ》雨《う》のような「善政」として社会底辺の農民たちから大いに歓迎されたのであろう。

あるいは宝治元年(一二四七年)十一月、時頼は京都にある幕府の出先機関である六波《ろくは》羅探題《らたんだい》にたいし、次のような指示を出したことがある。

「諸国の守護《しゅご》、地頭ら、自領地に検地を行なって、収穫の量を予想しておきながら、その予想収穫量に比して、まさに過分の年貢を責めとる事ありという。これ土民百姓の痛苦の基なり。よろしく、これを停止せらるべし」

　つまり時頼は、幕府の御家人たちが農民から「過分の年貢を責めとる」ことを禁じたわけであるが、それは誰の目から見ても、まさに民衆の「痛苦」を思ったうえでの典型的な「撫民善政」であろう。

　時頼による「善政」の実例は他にもある。当時、幕府の高官たちは夏の暑いさかりになると富士山の残雪を鎌倉に取り寄せ、納涼を楽しんだものであるが、時頼は建長三年（一二五一年）六月、「以無民庶之煩休被止之」と命じた。つまりその作業や運搬に従事するのはすべて「民庶」であり、そんなことまで命じると一年中休む暇もなくなるから、これ以降やめるというのである。この一件もまた、「善政随一」の評判をとったといわれる（『吾妻鏡』当日条）。

　以上は執権の北条時頼が行なった「撫民政策」の一端であるが、現実にこのような政策が実施されたからこそ、後世において時頼を主人公とする「廻国伝説」が生まれたのであろう。有名な謡曲の「鉢の木」もそうであったように、いわゆる「水戸黄門の中世版」ともいうべきそれらの伝説において、時頼はまさに慈悲に満ちた善政の化身として描かれているが、モデルとなった彼本人も、やはりそれなりの実績を残していたはずである。

時頼は農民にたいして「善政」を実施する一方、武士政権の構成員である御家人たちにたいしては、じつに厳しい自己規制を強いている。

それは、時頼が執権となってから御家人たちの贅沢を制限するために発した一連の法令を見れば分かる。たとえば建長三年十月に時頼は御家人の博奕《ばくと》・鷹狩《たかがり》を禁ずる法令を発し、翌年九月には鎌倉中で売られている「沽酒《こしゅ》」を一屋一壺とする制度をつくった。建長五年（一二五三年）九月には関東御家人ならびに鎌倉に居住する人々対象の「過差《かさ》（贅沢）禁止令」を発し、同じ年の十月には法家《ほうけ》の女房の装束にたいする過差の禁止令を発した。そして翌年十二月に評定衆《ひょうじょうしゅう》や大名以外の者が出仕《しゅっじ》、あるいは私用で外出する際、馬に乗ったり供人を伴うことを禁止したのである。

時頼による「贅沢禁止・倹約奨励」の最たるものは、弘長元年（一二六一年）二月二十九日に発令された「関東新制ノ事書」（弘長新制）である。そのとき時頼は形式的には執権職から引退したものの、実質上は依然として幕府の主である。彼の主導下で発令されたこの六一カ条の法令は、幕府の諸奉行や御家人にたいしては、じつに驚くべきほどの政務の精励と倹約を求めているのである。

たとえば、「御家人相互の書状に厚紙を用いること」や、「杉材のかわりに檜《ひのき》材を用いること」や、あるいは「馬具に虎・豹の皮を用いること」などの些細なことまで全部「贅沢禁令」の対象となっているのである。

おそらく世界の政治史上、これほど厳しい「贅沢禁止令」が出されたことは他にないだろうと思う。しかもそれは、いわば支配者階層が被支配者の民衆にたいして強いることではなく、むしろ支配者階層自身が「些少な贅沢でもしてはいけない」という厳しい自制を自分自身に課しているのである。

とにかく、民衆にたいしては「善政」を施し、できるだけその負担軽減を図り、政権の一部となる支配階層の武士にたいして過酷ともいうべきほどの禁欲と自己規制を要求する。それはまさに北条時頼の政治理念の根幹である。しかも、「独裁者」ともいわれる時頼の強いリーダーシップのもとでは、このような政治姿勢は鎌倉幕府の政治理念、あるいは為政者としての武士階層の政治倫理として確立されていたはずであろう。

支配者階層が「撫民」という自らの使命を自覚しながら、使命達成のために自分たちの欲望と行動に厳しい自制を加えるという、このような政治倫理の確立は、まさに日本における「高貴なる者の負う義務」の成立と、日本の武士が支配者階層としての行動規範を自ら確立させたことを意味するのであろう。

そして、「武士道精神」の源流を探ろうとする本書の視点からすれば、時頼と鎌倉の武士政権によって上述の政治倫理が確立されたことは、日本の武士道精神に新たな要素が加わったことも意味するのである。まさにこの時代以来、民を慈しみ己を厳しく律するというのは為政者としての武士の心得の一つとなり、武士たる者のあるべき姿の一側面となった。そのなかではとくに、強い意志をもって自分自身を厳しく律するような「高貴なる者」の精神が、それから脈々として日本の武士道精神の根幹の一つとなっていくのである。

◆「時頼」をつくりあげた禅の心

以上では、鎌倉幕府の五代執権である北条時頼による武士の政治倫理と自己規制の精神の確立を見たが、じつは人間時頼自身も、まさに自分自身にたいして厳しい禁欲を課してたいへん質素な生活を送っていた人である。たとえば彼の生活ぶりをよく伝えた一つのエピソードがある。『徒然草』の第二百十五段となった有名な話である。

時頼が執権を辞して「最明寺入道《さいみようじにゆうどう》」として出家したのちの話だが、ある夕方、幕府の重臣だった平宣時《たいらののぶとき》に時頼からのお呼びがあった。その隠居所へと上がると、時頼はとっくりと土器一つをもって、「この酒を一人で飲むのは寂しいので、お呼びした」という。そこで時頼は、「酒の肴がないのだが、もう人は寝静まってしまった。何かないか、ちょっと探してきてくれ」というので、宣時は「脂燭《しそく》」という小さな油のライトをもってあちらこちら見てみると、台所の棚にある小さな土器に舐め残りらしい味噌が少しついていた。「これがありました」と宣時がもってくると、「いい、いい、それで十分」と時頼はいって、お酒のやりとりをして楽しく過ごしたという。

元中国人の私は、このエピソードを読んだとき、かすかな感動を覚えずにはいられなかった。そのときの時頼はすでに執権を辞めて出家の身となったとはいえ、かりそめにも日本国の「総理経験者」であり、この国でもっとも権勢のある一族の長である。「支那人的な」通念からすると、その彼がそれほど質素な生活をしていること自体がすでに驚くべきほどの事実であろうが、何よりも感銘すべきなのは、「赤貧」ともいうべきような生活状況を何とも思わずして、味噌を舐めるだけで知人とともに一杯を楽しむという、この日本武士の心の恬淡《てんたん》さと明朗さである。かの孔子様が理想としていた「貧して道を楽しむ」ような「君子像」を、まさにここに見るのではなかろうか。

いってみれば、質実恬淡にして明朗闊達、自分自身を厳しく律しながら為政者としては人々の苦しみを思いやるような善政に心をかける。それこそが、新しい支配者としての武士階層に求めるべきエリートとしての心構えであろうが、時頼はまさに武士の棟梁らしく、こうした武士の心構えの手本を身をもって示したわけである。

このような人間精神の持ち主である北条時頼の心をつくりあげたのは、いったいどういうものか。あるいは、彼によって確立された日本武士の自律精神を支えている根底なるものはいったい何か。

こういったものの根源を突き詰めていくと、最後にはやはり宗教と信仰の世界にたどり着く以外にない。古今東西を問わず、人間精神や倫理の根底にあってそれを支えるのはやはり宗教と信仰だからである。

ならば、時頼の精神と鎌倉武士の倫理の根底にあってそれを支えた宗教・信仰は何だったのかといえば、それはいうまでもなく仏教なのである。日本の歴史上「鎌倉新仏教」という言葉があるほど、鎌倉時代はまさに仏教の盛んな時代であり、武士の都である鎌倉自体も京都に負けないくらいの「仏都」となったことは周知のとおりだ。

この時代、武士を含めた日本人の信仰生活の根幹をなしていたのはやはり仏教である。そして当時の武士にかんしていえば、彼らが帰依《きえ》している主な仏教の流派はすなわち禅宗である。

じつは、武士の頂点に立った北条時頼自身も、まさに信仰心の非常に厚い禅宗の帰依者の一人である。いや、というよりもむしろ、この時頼こそは中国大陸から当時最先端の新興仏教である禅宗を日本に本格的に導入して、日本の武士精神を養うための信仰形式をつくりあげた張本人なのである。

執権職についたこの年（寛元四年＝一二四六年）、時頼は中国人渡来僧の蘭渓道隆《らんけいどうりゅう》を鎌倉に招き、蘭渓の指導下で禅の修行を始める。その十年後に、わずか三十歳の彼は執権職を辞して、「最明寺入道道崇《どうすう》」と号して出家し、名実ともに一禅僧となった。その死去の一年前に、彼はもう一人の中国人禅僧の兀庵普寧《ごったんふねい》の指導下で禅の悟りを開いたという。

いってみれば、三十七歳の若さで人生を終えた執権としての時頼は、その短い人生の約半分の歳月において、日本という国の国政の運営に全責任をまといながらも、禅という信仰と悟りの世界に心を寄せて多大な情熱を傾けた。そしてその修行人生の最後段階において、自分自身の悟りを開いたのである。

時頼は臨終の際に、次のような遺偈《ゆいげ》を残している。

業鏡高く懸く三十七年、一槌《いっつい》に打砕して大道坦然《たんぜん》たり

「遺偈」というのは本来、禅僧が臨終のときに書き残す遺言のようなものだが、上記の遺偈もじつは時頼の自作ではなく、中国宋代の笑翁禅師《しょうおうぜんじ》の遺偈から借用したものであった。もちろんそれは、日本武士の棟梁として、日本国の時の執権として、時頼が自らの臨終に際して詠ったものだからこそ、後世に感動を残した名句となったわけである。

長きにわたって一国の政治を掌《つかさど》り最高権力者の立場にあったこの武士は、苦難に満ちたはずの自らの三十七年の短い人生の灯火がまもなく消え去るとき、その胸中には一縷《いちる》の暗さもなく、悲しさや悔しさや空しさのかけらもなかった。そしてこの「業鏡高懸」の人生を思い切って「一槌打砕」して、あの天壌無窮《てんじょうむきゅう》の「大道」へと洒々落々《しゃしゃらくらく》に直進していったのである。何という気宇宏大な胸襟だろうか、何という清明闊達の心境だろうか。

時頼におけるこのような生き方と死に方に、そして彼が禅の悟りを開いたことによって到達したところの精神的境地に、筆者の私は日本武士の原点、日本の武士道精神の原点が見つかったような気がした。

執権を務めたあいだ、時頼が成し遂げた大きな事業の一つは、すなわち師の蘭渓道隆を開山にして建長寺を建立したことである。かつての聖武天皇による東大寺と大仏の建立が「鎮護国家」の思想に基づく一大国家的プロジェクトだったのと同じように、日本初の本格的な禅宗寺院となった建長寺の建立もけっして時頼の個人的趣味から興した事業ではない。彼はまさに新しい武士精神確立の象徴として、その新しい武士精神養成の「文化センター」として、この壮大な伽藍《がらん》を鎌倉の地に建てたはずである。

中国の禅が時頼をはじめとする日本の武士たちにそれほどの熱心さで受け入れられたのには、もちろんそれなりの理由があっただろう。他の仏教宗派にありがちな複雑な理論思考や煩瑣《はんさ》な儀礼的手続きをいっさい排除して、「直指人心《じきしじんしん》」の「頓悟《とんご》」によって単刀直入に信仰の世界に切り込もうとする禅の風格は、武士の行動原理にもっとも適していたことや、その悟りを開くことによって生死の瀬戸際に際しても泰然自若《たいぜんじじゃく》として万事に当たるという精神力の養成は、武士にはもっとも必要だったことなどが、その主な理由ではなかったかと考えられる。

ちなみに、禅僧の蘭渓道隆と兀庵普寧の二人とも、筆者の私と同じく中国四川省（当時は西蜀という）の出身であり、当時の中国禅宗を代表するような天下の高僧である。この二人の郷里の大先輩が、はるばる中世日本の鎌倉にやって来て、日本における禅宗の確立と武士精神の創出に貢献したことは、私自身にとってまさに感慨深い歴史の事実であるが、とにかく北条時頼という不世出の武士のリーダーの出現によって、中国禅と日本武士との結合において武士精神創出の契機ができたことは、日本の中世史に特筆すべき重要な出来事であろう。

そして、時頼の良き後継者である時宗の時代となると、こうした中国禅と武士の心との結合は、いよいよ佳境《かきょう》を迎えるのである。

◆時宗と二人の中国人禅僧との出会い

時宗は父・時頼からの影響もあって、幼いときから参禅していたと伝えられている（『大休和尚住寿福寺語録』）。もちろん、禅の修行にあたって彼が最初に師事したのは、父・時頼の師でもある蘭渓道隆である。

　現在の建長寺常磐山文庫に遺存されている蘭渓道隆の書いた「願文」では、蘭渓は若き時宗のことを「信心弟子」と呼び、「信心深い弟子時宗の身に他のわずらいなく、子孫繁栄し、長く仏法の棟梁となり永く皇家を毅然と守る柱となるよう」と願っている。将来、武士の棟梁となるべきこの弟子にたいする、蘭渓の期待の大きさがうかがえる。

　その時代、幕府の政治運営の要《かなめ》はすなわち「執権」というポストであるが、「執権」を輔佐して共同で政務を執る「連署《れんしょ》」という職位もある。現在でいう「副総理」のようなものであろう。時宗は十四歳のときにこの「連署」の任についた。先代執権の時頼の後継者としては当然の成り行きではあるが、現在の中学校二年生にあたる一少年が、「副総理」として日本国の国政に実際に携わるようになったとは、まさに驚嘆すべきことであろう。その事実からも、時宗は幼いときからすでに人間としての成長を立派に成し遂げていたことが分かる。

　そしてその四年後、時宗は弱冠十八歳にして執権に就任し、日本国の「総理大臣」になったのである。それはちょうど、元寇来襲の前触れである蒙古国書到来の年でもある。時は文永五年の一二六八年、若き時宗はまさに、日本民族の運命を一身に背負って歴史の大舞台に登場してきたのである。

その翌年に、時宗はもう一人の中国人禅僧と出会った。この年に来日した中国温州出身の大休正念《だいきゅうしょうねん》である。大休は来日した直後に蘭渓道隆の招きで鎌倉に来て建長寺に住み、蘭渓との二人三脚で禅の教化に努めた。その後、執権の時宗は父・時頼が建てた最明寺の跡地に大休のために諸堂を建てた。禅興寺の始まりである。それ以来、時宗は蘭渓道隆と並ぶもう一人の師として大休に帰依し、しばしば自ら禅興寺に赴いて大休の説法を請うたという。

大休正念はのちに寿福寺の住持に転じたが、時宗は引き続き彼の教化に耳を預けている。この寿福寺に自らの領地を寄付したこともある。大休がのちに残した『大休和尚住寿福寺語録』には、師の大休と時宗との日常的な「道交」の一部始終が記されている。

それによると、大休の時宗にたいする教化は公案による参究《さんきゅう》を基本としているという。大休はときどき「即心即仏」「趙州無字」などの禅宗の「名公案」を時宗に与えてその参究を命じる。時宗も時宗なりに真剣に悩み、回答となるような禅機を一所懸命究めようとするのである。禅林によく見られるような典型的な参禅風景であった。

公案の参究以外にも、大休と時宗とのあいだには、いわば「文士同士の雅交」を彷彿《ほうふつ》させるような師弟の交わりがある。時宗はときどき、新茶・筍・紙・香炉などの日用品や工芸品を大休に贈り、大休はまたそのいちいちに「詩頌」をもって答礼している。ときには、このような贈答はまた、趣きたっぷりの禅問答となるのである。

ある日、時宗が大休に冬の扇子を送って、「必要のない冬の扇子、捨てたがよいか、捨てないほうがよいか。如何《いかん》」と問うた。それにたいする大休の答えは、「あなたの意のままに」であったという。あまりにも鋭い弟子の問いにたいして、師匠の大休が答えるのに精一杯という印象である。

ある日、お寺での齊事《さいじ》があったとき、時宗はまた大休に問うた。「齊の饅頭を噛んで破る者もあり、噛んで破らない者もある。如何」。それにたいして、大休は悠然と饅頭をかじりながら、「無歯の趙州が噛んで破った」という一偈《いちげ》を呈したという。今度は、この答えを聞いて頭を大いに悩ませたのは弟子の時宗のほうであろう。

このように、日本武士の若き棟梁である北条時宗と、中国人高僧の大休正念とのあいだで、この時代における最高レベルの精神的遊戯が楽しく展開されているのである。まさに、読む人の会心の笑みを誘うような歴史故事の一幕一幕であるが、機敏にして洒落なる若き時宗の人間像の一端も、ここからうかがえるのであろう。

そのとき、蒙古はすでに中国大陸と朝鮮半島を支配下におき、海をわたって日本列島をうかがう勢いである。執権としての時宗の最大の仕事は、すなわちこの未曾有の国難に備えていくための体制づくりであり、度重なる蒙古からの挑発への対応である。やがて文永十一年の一二七四年、蒙古軍は博多湾に侵入してきて、第一回目の蒙古合戦が行われた。弘安四年の一二八一年に最後の勝利を収めるまでの七年間、日本国は祖国防衛の戦時下に突入していったのである。

その間、祖国防衛戦の最高司令官としての任務を立派に果たしながら、時宗は禅の修行を忘れていなかった。弘安元年の一二七八年に蘭渓道隆が没してから、すでに高齢となった大休正念の負担を軽減する思惑もあって、時宗は中国大陸に使者を派遣して、禅宗の高僧を新たに日本へ招聘《しょうへい》しようとした。

そこで、日本の執権からの正式な招きで来日したのは、かの有名な無学祖元《むがくそげん》である。

◆祖国防衛に立ち上がった日本武士

無学祖元はその当時、中国禅林の大御所であった無準師範《ぶじゅんしばん》の法を嗣《つ》いだ直伝の弟子として、名刹《めいさつ》の天童山で首座を務める高僧である。彼がかつて温州の能仁寺の住持を務めたとき、蒙古兵が寺に乱入し、無学の首に刃《やいば》を突きつけたが、無学は悠然と次の偈を唱えて難をまぬがれたと言い伝えられている。それは、「臨剣の頌」として日本でもよく知られる、人口に膾炙《かいしゃ》する一偈である。

珍重す大元三尺の剣、電光影裡に春風を斬る

これほどの高僧が時宗の招きに応じて日本にやってきたのには一つの理由がある。無学祖元の残した『仏光国師語録《ぶっこうこくしごろく》』には、彼は自分の来日の経緯をふりかえってこう語った。「十五、六年前に日本から帰ったばかりの古澗世泉《こじゅんせせん》という僧と会った。彼がいうように、『日本の最明寺殿は世を捨てて法服をまとい、臨終のときには厳然として座禅して果てた』。そこで私は、『かのところの王臣がそんなに仏法を崇重しているのなら、なんでふたたび行かないのか。あなたがもし行くなら、私も同行しよう』と冗談半分で答えた」と。

ここでの「最明寺殿」は、いうまでもなく時宗の父親の時頼のことを指している。時頼

が禅僧が「入定《にゅうじょう》」するような姿勢で座禅のまま最期を迎えたのは有名な話である。「崇仏の王臣」としての時頼の伝説を聞いて心が動いたことは、そもそも無学祖元が時宗の招聘に応じて来日することの遠因なのだ。時頼・時宗二代にわたる「仏縁」の深さは、まさに感慨深いものである。

弘安二年に無学祖元は来日後、時宗の要請により亡き蘭渓道隆の後を継いで建長寺の住持となった。日本と蒙古が海を隔てて対峙している最中である。弘安四年の運命的大決戦までの数年間、無学祖元は直に時宗の禅の指導に当たり、文字どおり、この日本国の最高司令官の精神的支えとなったのである。

九州大学名誉教授の川添昭二《かわぞえしょうじ》氏の著述（『人物叢書・北条時宗』吉川弘文館）によれば、無学祖元の禅はいわば「宋朝禅」の良き伝統である「儒禅一致」（儒学と禅との一致）の思想を受け継いでおり、儒学の精神と禅の心の融合したものをもって教化するのが本領である。実際、無学が時宗らにたいして説く教えのなかには儒学の用語がよく使われていて、儒学の古典である『論語』や『大学』からの引用も多くあったという。無学は儒学に通じ、朱子学における『大学』重視という「心」の問題を基本にしているが、ことに君臣の名分を明らかにする考えを継受し、国家観念を結晶させ、時宗に大きな影響を与えたと川添教授が指摘している。

また、無学自身もその「語録」において、自分が時宗にその参禅修行を通じて究極に期待したものは、すなわち国家の将相として一国の生霊（日本国民）と仏祖の道を守り、国家の柱石となることであったと述懐している。

いってみれば、師としての無学祖元の禅は、時宗をただの「禅僧」としてではなく、禅の心に通じていて、かつ「治国平天下《ちこくへいてんか》」の儒学的使命感に燃えているような国家的リーダーとして育てることに主眼をおいたものである。それはもちろん、国難到来という日本のおかれた厳しい状況からの要請でもあろう。

そして、いよいよ蒙古軍との最後の決戦が迫ってくるなか、時宗とその師の無学との心の交わりはますます重要な意味をもつようになっている。時宗亡きあと、無学祖元はある法話のなかで当時の時宗の様子を次のように記している。

「弘安四年、虜兵百万博多に在るも、略《ほ》ぼ経意せず（意に介しない）。但《た》だ毎月老僧に請い、諸僧と下語し、法喜禅悦を以て自ら楽しむ。後果たして仏天響応し、家国貼然《てんぜん》（落ち着く）たり。奇しきかな此の力量あるは。此れまた仏法中再来の人なり」と。

弘安四年（一二八一年）といえば、ちょうど第二回目の蒙古合戦が行われた年であり、日本国の運命が決した年でもある。この年に、時宗が毎月のように無学祖元のもとに参禅して「法喜禅悦を以て自ら楽しむ」のであれば、未曾有の危機がもたらした極限の緊張状態のなかで奮闘する時宗にとって、無学祖元の存在とその教えは、精神的安定を保つうえでは大きな支えとなったことは想像できよう。

決戦前夜の弘安四年春、無学祖元はさらに弟子の時宗に「莫煩悩（煩悩することなかれ）」との三文字を与えて、時宗の決意を促したことも有名である。こうして、「珍重す大元三尺の剣、電光影裡に春風を斬る」という師の祖元が蒙古軍に面したときの気概に少しも負けずして、執権の時宗は、まさに禅によって鍛えられたその堅忍不抜《けんにんふばつ》の心構えをもって未曾有の国難に当たり、泰然自若の采配によって難敵の元寇たちを海のなかへと葬ったのである。

◆禅の心に見る武士道精神の源流

その三年後、生涯一度の大仕事に燃え尽きた時宗は、三十三歳の若さで死することになる。その直前に、時宗は無学祖元を最明寺の別業に請じて、落髪受衣《らくはつじゅえ》して出家したという。この一世一代の日本武士の棟梁は、中国人禅僧の無学祖元への精神的帰依のもとで、その壮烈な生涯を閉じたのである。

時宗のお葬式に際し、その遺骸に火を点じるという下火の仏事のとき、無学祖元は次のような法話を行なったという。時宗の生前の行状を「十種の不可思議」にまとめて評したこの法話は、まさにこの中国人老僧が最愛の弟子の亡骸《なきがら》に火を放つ瞬間に捧げた、心からの賛辞なのである。

「其《そ》の所以《ゆえん》を視、其の所由《しょゆう》を観るに、十種の不可思議あり。何を十種と謂うか。母に事《つか》うるに孝を尽くし、君に事うるに忠を尽くし、民に事うるに恵をもって牧し、禅に参じて宗を悟る。二十年乾坤《けんこん》を握定《あくじょう》して、喜慍《きうん》の色有るを見ず。一風に蛮煙《ばんえん》を掃蕩し、ほぼ矜誇《きょうこ》の状有らず。円覚《えんがく》を造りて以て幽魂《ゆうこん》を済《すく》う。祖師を礼して以て明悟《めいご》を求む」

ここで挙げられた「十種の不可思議」の最初の三つは当然、儒学の視点から時宗の行状を讃えたものである。親に孝を尽くし、君主に忠を尽くし、国民にたいしては恩恵のある政治を行うのであれば、それこそは儒学が求めるような「君子人」の理想像であり、エリート階層に要求される倫理精神の基本である。そして、「二十年間にわたって政権を立派に担当して喜怒の色を一度も見せたことなく、一戦を交えて元寇を掃蕩したあとは、少しも功を誇る様子はない」という行となると、沈毅《ちんき》、恬淡《てんたん》にして虚心坦懐という時宗の人間像が浮かび上がってきたのである。

このように、日本社会の新しい支配者階層となった武士に求められるエリート精神と倫理は、具現者としての北条時宗において完成させられたのである。そういう意味では、日本国の救国の英雄でもある彼の出現をもって、「日本武士」の本格的誕生とすべきではないのだろうかと私は思う。

少なくとも、中国伝来の禅と儒学の精神によって心を鍛えられた名執権の時頼と時宗の親子二代において、日本の武士道精神の源流を見出すことができるのである。それはまた、この二人の人物の残した最大の歴史的痕跡であろう。

余談になるのだが、本書の次の章の主人公となる楠木正成《くすのきまさしげ》も、中国人渡来僧の明極楚俊《みんぎそしゅん》禅師に深く帰依している禅の門徒であった。兵庫の湊川《みなとがわ》で最後の戦いに臨むその前日、正成は同じ兵庫にあった禅師のお寺に赴き、「生死交謝の時、如何」と訊ねたところ、禅師は「両頭ともに截断《せつだん》して一剣天によって寒《すさま》じ」と答えたという。この一言を頂戴した正成は、生死・成敗を度外視して従容として戦いに投身し、その壮烈な最期を潔く遂げたのである。

　正成の敵方となった足利尊氏《たかうじ》・直義《ただよし》兄弟も参禅熱心の武士で、造園などで有名な禅僧である夢窓疎石《むそうそせき》に帰依している。そしてこの夢窓こそが無学祖元の孫弟子として、鎌倉の武士禅の本流を汲んだ人物である。その後、足利尊氏の開いた室町幕府の歴代将軍たちは夢窓法系の臨済禅に帰依していたから、室町時代においては禅は京都を中心にして大いに繁栄し、その全盛期を現出したのである。そしてその時代以来、武士と禅とのつながり、武士精神と禅の心との融合は、もはや武士文化の中核的な一部となった観がある。

　かくして、日本の武士たちが数百年にわたって禅の力を借りて自らの心を創ってきたなかで、元来の中国禅とはまったく違ったかたちの日本的武士禅ができあがった。そしてそれが、一種の果敢にして高尚なる行動原理として、淡泊にして清らかな心の持ち方として、日本の武士精神、ひいては日本の民族精神の一部となっているのである。

　そして、それらのすべては、日本武士の先駆けである北条時頼と、わが同郷の蘭渓道隆との出会いから始まったものである。

第三章

楠木正成に見る理想的武士像の完成

◆彗星のごとく登場した英雄

本章の主人公である楠木正成は、第一章で取り上げた源義経とはじつに共通点の多い人物である。二人とも乱世で輝いた武人であり、戦《いくさ》上手な智将であり、悲壮なる最期を遂げた悲劇の英雄として知られる。そして二人とも歴史の舞台で活躍した時期がきわめて短い。彗星《すいせい》のごとく突如現れてきて桜のごとく直《ただ》ちに散る人物である。

しかも楠木正成と源義経の二人は、その亡きあとの後世においては伝説の英雄として語り継がれて「永遠の生命」を得ている。現在に至っても、この二人はその生きた時代を代表する最大の武士として、あるいはその時代が生んだ武士像の模範として認識されている。そういう意味では、かの源義経と同様、楠木正成はまた、日本の武士道精神を語るのに欠かせない代表的な人物である。

そして、本章の記述が進むのにしたがって分かってくるように、義経が活躍した武士の時代の草創期から約百数十年が経って現れた楠木正成という人物は、人格の円熟さにかけても、器の大きさにかけても、そして理想理念の高さにかけても、往時の義経をはるかに超えているといってよい。つまりこの楠木正成において、日本の武士たるものが一段と成熟して、日本の武士道精神は一段と深まり高まった、ということである。

楠木正成によって深められて高められた武士道精神の真髄とはいったい何か。それを探求する前に、まず一度、武将としての楠木正成の主な事績と人物像を記しておこう。

正成の正確な生年月日はいまでも不明であるが、大阪・千早赤阪村の山里に生まれ、金剛山一帯を本拠地とする豪族の出自であることはよく知られている。

彼が歴史の表舞台に登場してきたのは壮年のときである。鎌倉時代末期であったそのとき、元寇の撃退から半世紀が経ち、幕府はすでに権威が失墜していた。執権の北条高時《たかとき》は政治への興味をなくし遊興三昧《ゆうきょうざんまい》の日々を送り、民は重税に苦しみ、世の秩序は大いに乱れたのである。こうしたなかで、元弘元年（一三三一年）、天皇親政の政権樹立と幕府打倒をめざして、後醍醐天皇が京都で挙兵した。幕府軍の巨大な軍事力に恐れをなして倒幕勢力に加わる者は少なかったなか、ほぼ孤立無援の状況にあった後醍醐天皇のもとに駆けつけた数少ない武将のなかに、かの楠木正成の姿があった。

そのとき、天皇に謁見して戦への意見を求められた正成は、「武芸に勝る関東武士に正攻法で挑んでも勝ち目はありませんが、知謀を尽くし策略をめぐらせば勝機もあるでしょう」と答えたという。そしてこの言葉はのちの戦いで証明されていく。

地元に戻った正成は、山中に築いた山城・赤坂城を拠点に挙兵する。正成の兵力はわずかに五〇〇名程度だったが、これにたいして幕府は数万の討伐軍を差し向けた。甲冑《かっちゅう》を着て武装した幕府軍にたいし、正成軍の大半はふだん農民の地侍《じざむらい》であり、兜《かぶと》もなく上半身が裸の者もいた。粗末な山城を見た幕府軍の武将からは、「こんな急ごしらえの城など、片手に乗せて放り投げてしまえるではないか。せめて一日でも持ちこたえてくれねば恩賞に与《あずか》れぬぞ」との声さえ聞こえた。

そしていったん戦が始まると、油断した幕府兵は各自が勝手に攻撃を始め、城の斜面を登りはじめる。ところが、兵が斜面を埋めた瞬間に突然城の外壁が崩れ、幕府兵の頭上に巨大な岩や大木が地響きをあげて転がってきた。まったく予想外の奇襲攻撃で、幕府軍は大いに狼狽《ろうばい》して多くの死傷者を出し、撤退を余儀なくされた。両軍の初戦の結果は幕府軍の完敗だった。その後、藁《わら》人形であざむく、熱湯をかけるなど奇策に翻弄された幕府軍は力押しをやめ、城を包囲して持久戦に持ち込んだ。正成軍は二十日間で食糧が尽き、そこへ京都で後醍醐天皇が捕えられたと急報が入った。正成は城に火を放ち、火災の混乱に乗じて抜け道から脱出して行方をくらました。

そして元弘二年（一三三二年）、赤坂城の攻防戦から一年が経ったころ、正成は姿を現して再挙兵した。彼は河内《かわち》や和泉《いずみ》の守護を次々攻略し、摂津《せっつ》の天王寺を占拠して、京を睨む勢いとなった。

翌元弘三年（一三三三年）二月、幕府は正成の息の根を止めるべく、八万騎といわれる大征伐軍を追討に向かわせる。正成は一〇〇〇人の兵とともに山奥の千早城に籠城した。幕府軍は大軍でこれを包囲したものの、正成の奇策を警戒するあまり近づくことができない。結局、二年前の赤坂城と同様に兵糧攻めを選んだ。

しかし今回、兵糧攻めされて敗北したのはむしろ幕府軍のほうだった。正成の作戦は、目の前の大軍と戦わずに、その補給部隊を近隣の農民たちと連携して叩き、敵の食糧を断つという前代未聞のものだった。山中で飢餓に陥った幕府兵にたいし、抜け道から城内へどんどん食糧が運び込まれていた正成軍は、三カ月が経ってもいっこうに動じない。やがて幕府軍からは数百人単位で撤退する部隊が続出し、戦線は総崩れになった。

八万の幕府軍がたった一〇〇〇人の正成軍に敗北した事実は、すぐに諸国へと伝わった。「幕府軍、恐れるに足らず」との認識が広がると、これまで幕府の軍事力を恐れて従っていた各地の豪族が次々と蜂起《ほうき》しはじめ、ついには幕府内部からも、足利尊氏、新田義《にったよし》貞《さだ》など反旗を翻す者が出てきた。尊氏は京都の幕府軍（六波羅探題）を倒し、義貞は鎌倉に攻め入って北条高時を討ち取った。正成が庶民の力で千早城を守り抜いたことが、最終的には百四十年続いた鎌倉幕府を滅亡させたのである。そしてこの年の六月、正成は隠岐《おき》から帰還の後醍醐天皇を迎えにあがり、都への凱旋の先陣を務めた。英雄・正成が栄光の頂点に立ったのはまさにそのときであった。

◆敵方も惜しんだ本物の武士の最期

建武元年（一三三四年）に後醍醐天皇は朝廷政治を復活させ、建武の新政をスタートした。正成は河内・和泉の守護に任命されて新政権を担う一翼となった。後醍醐天皇は天皇主導のもとで戦のない世の中を築こうとしたが、そのためにはまず鎌倉時代に強くなりすぎた武家勢力を削ぐ必要があると考え、恩賞の比重を公家に高く置き、武士は低くした。また、早急に財政基盤を強固にする必要があるとして、庶民にたいしては鎌倉幕府よりも重い年貢や労役を課した。

新政を推進していくための必要政策であったとはいえ、こうした性急な改革は諸国の武士の反発を呼び、建武二年（一三三五年）十一月、尊氏は武家政権復活をうたって鎌倉で挙兵する。京へ攻め上った尊氏軍を楠木正成、新田義貞、北畠顕家ら天皇方の武将が迎え撃った結果、尊氏軍は大敗を喫して九州へと敗走した。

しかしそのとき、正成はこの勝利を単純に喜んだだけではなかった。逃げていく尊氏軍に、天皇方から多くの武士が加わっていく光景を見て、「自軍の武士までが、ここまで尊氏を慕っている！」と、新政権から人々の心が離反した現実を痛感した。そこで正成は、戦場から戻ると後醍醐天皇にたいして尊氏との和睦《わぼく》を進言したが、公家たちは「なぜ勝利したわれらが尊氏めに和睦を求めねばならぬのか。不思議なことを申すものよ」と正成を嘲笑してその進言を一蹴した。

建武三年（一三三六年）四月末、九州で多くの武士の支持を得た尊氏は、大軍を率いて北上を開始した。後醍醐天皇は「湊川《みなとがわ》（神戸）で新田軍と合流し、尊氏を討伐せよ」と正成に命じる。そこで正成は、「私は河内に帰って兵を集め、淀の河口を塞ぎ、敵の水軍を足留めしますゆえ、帝《みかど》は比叡山に移っていただき、京の都に尊氏軍を誘い込んだのちに、北から新田軍、南からわが軍が敵を挟み撃ちすれば勝利できる」と提案した。しかしそれもまた、「帝が都から離れると朝廷の権威が落ちる」という公家たちの意見で却下された。

こうしたなかで、正成は勅命に従って湊川に向かって出陣した。陸路と海の両方から攻めてきた尊氏軍三万五〇〇〇にたいし、防御の一翼を担う正成軍はわずか七〇〇名だった。正成は決戦前に遺書とも思える手紙を後醍醐天皇に書く。「この戦いでわが軍は間違いなく敗れるでしょう。かつて幕府軍と戦ったときは多くの地侍が集まりました。民の心は天皇と通じていたのです。しかしこのたびは、一族、地侍、誰もこの正成に従いません。正成、存命無益なり」との内容だった。

五月二十五日、湊川で両軍は激突した。海岸に陣をしいた新田軍は海と陸から挟まれ総崩れになり、正成に合流できなかったばかりか、足利軍に加わる兵までいた。戦力の差は歴然としているので即座に勝敗がつくと思われたが、尊氏は正成軍にたいし戦力を小出しにするだけで、なかなか総攻撃に移らなかった。いまでこそ両者は戦っているが、三年前は北条氏打倒を誓って奮戦した同志のはずだった。尊氏は何とかして正成の命を助けたいと思い、彼が降伏するのを待っていた。しかし、正成軍は鬼気迫る突撃を繰り返し、このままでは自軍の損失も増える一方。尊氏はついに一斉攻撃を命じた。

その六時間後、正成は生き残った七二名の部下と民家へ入ると、死出の念仏を唱えて家屋に火を放ち全員が自刃した。正成は弟・正季《まさすえ》と短刀をもって向かい合い、互いに相手の腹を刺していたという。
正成の首は一時京都六条河原に晒《さら》されたが、死を惜しんだ尊氏の特別の配慮で、彼の首は故郷の親族へ丁重に送り届けられた。尊氏側の記録（『梅松論』）は、敵将・正成の死をこう記している。

誠《まこと》に賢才武略の勇士とはこの様な者を申すべきと、敵も味方も惜しまぬ人ぞなかりける。

まさに、敵と味方の両方から惜しまれた不世出の英雄の悲壮なる最期だった。

◆正成に受け継がれた「死ぬ覚悟で戦う武士道精神」

以上は、元弘元年（一三三一年）に挙兵の後醍醐天皇の元に駆けつけてから建武三年（一三三六年）の自決までの、楠木正成の戦いの遍歴である。このわずか五年間にわたる戦いのなかで、正成は日本史上最高級の天才的な軍事能力を思う存分発揮して希代の「智将」として輝いたことは周知のとおりだ。

とくに彼の戦った赤坂城と千早城での籠城戦は、「寡をもって衆を制する」戦役の範例として世界の軍事史上にも残るような素晴らしい戦いである。数万の大軍が押し寄せてくるなかでもじっとして動じないその英雄的気概といい、戦機を見る目の確かさといい、敵の意表をつくような奇抜な戦法を次から次へと出してくるその発想の斬新さと知謀の深さといい、その鮮やかな戦いぶりには目を見張るものがあった。

とくに千早城籠城戦のときには、一〇〇〇人程度のゲリラ部隊を率いて八万人の大軍を相手に百日間も戦って最終的に勝利したという正成の戦いは、軍事史上の奇跡ともいうべきものであろう。そのなかでは、たとえば籠城軍の水路を絶とうとする敵方の作戦を予測して、山中五カ所の水源を事前に開発しておいて、水舟まであらかじめ準備したというその用意周到ぶりからも、正成がいかに思慮の深い武将であるかがよく分かる。

千早城での戦いとその勝利は、鎌倉幕府の滅亡を方向づけた大きな転換点であることはよく知られている。正成が幕府の大軍を千早城周辺に釘付《くぎづ》けにしたあいだに、後醍醐天皇が流刑地の隠岐の島からの脱出を果たし、赤松円心《あかまつえんしん》などの挙兵もあって、天下の大勢は一気に倒幕へと傾いた。そして幕府の大軍にたいする正成の勝利は多くの武士たちを鼓舞して討幕運動の広がりに道を開いたことは前述のとおりである。

そういう意味では、鎌倉幕府打倒と建武中興の歴史的転換のなかで、武将である正成の果たした役割は、かつての武士政権の樹立における源義経のそれときわめて類似しているといえよう。義経は一ノ谷の戦いや壇ノ浦の戦いをもって平家軍を一気に殲滅させたのにたいし、正成もまた、赤坂城と千早城での二つの籠城戦を戦ったことによって天下の大勢を決めてしまった。だからこそ、この二人ともがその時代を代表する最大の英雄となったわけだが、もちろんそれは彼らが英雄となった唯一の理由でもない。

義経の戦いと正成の戦いには一つ大きな共通点がある。それはすなわち、両方ともが少人数の戦闘部隊を率いて敵方の大軍と果敢に戦ってそれを見事に破った点である。義経の場合、少人数部隊で敵の大軍に決死の突撃をかけたことが有名であるが、正成となると、敵の大軍をこちらのほうへ引き寄せてその幾重の包囲のなかで戦い抜いたことで知られている。

どちらも「寡」をもって「衆」を制した奇跡の戦いを戦ったこととして歴史に残っているが、このような戦いに勝つためには、戦機を見る機敏さや武将としての知謀が当然必要である以上に、勝つ見込みの薄い戦いを自らしかけて最後まで戦い抜くという勇敢さと決死の覚悟が何よりも大事であろう。そして義経と正成は共通して、このような非凡な勇敢さと決死の覚悟で戦う英雄的気概をもっているのである。そしてそれこそが、義経と正成がそれぞれの生きた時代を代表する最大の英雄となり得た最大の理由ではなかろうかと私は思っている。

義経を取り上げた第一章では、われわれは「最初の武士」である義経の事績から「死ぬ覚悟で戦う精神」というものを見取って、そこから「武士道精神」の源流の一端を析出することができたが、このような「死ぬ覚悟で戦う精神」は、本章の主人公である楠木正成その人の精神でもある。義経の戦った一ノ谷の戦いや壇ノ浦の戦いと同様、正成の戦った赤坂城と千早城の籠城戦もやはり最初から、勝つ見込みが薄くてリスクの高い戦だったのであろう。結果的に勝ったことで奇跡の勝利として歴史に残ったが、戦った本人にとっては、それはまさに命がけの決死の戦い以外の何ものでもない。文字どおりの「死ぬ覚悟」で戦った戦争なのである。

つまり、武士の時代の草創期の義経によって煥発された「死ぬ覚悟で戦う」という日本の武士道精神の真髄は、時代を隔てて建武中興の時代に立った日本武士の正成によって再現されたといってよい。そして彼らの生きた二つの時代の中間点には、それもまた「死ぬ覚悟」で元寇と戦い抜いて祖国を守った北条時宗という日本武士がいたとすれば、この北条時宗を一つの繋ぎ点として、日本の武士道精神は義経から正成へと脈々と受け継がれていった、ということになるのであろう。

明治生まれの日本国史研究の大家である黒板勝美《くろいたかつみ》氏はその自著『義経伝』（中公文庫）の中で、自分が日本の歴史のなかで「武士道の典型権現《てんけいごんげん》化として仰ぐべき」と考える人物はただ三人しかいないといって、その具体名として挙げたのは、すなわち義経と時宗と、われらが正成の三人である。

筆者の私も、おおむね同感である。少なくとも正成の生きた時代に至るまでは、武士のなかの武士として、日本の武士道精神の系譜に名を連ねたのはまさにこの三人である。

◆義経を超えた「智将」の円熟と凄み

話はまた正成に戻る。上述のように、「死ぬ覚悟で戦う」精神を共有しているという意味で、源義経と楠木正成の二人はそれぞれの時代を代表する本物の日本武士となり得たが、二人の戦いぶりにはやはりそれぞれの持ち味がある。いってみれば、二人ともが「死ぬ覚悟で戦う精神」を基本にしていながらも、義経の戦い方は戦術の単純さに加えて、一直線の猪突猛進に多少偏った未熟な面もあろうが、それに比べて、正成の戦法はよりいっそう変幻自在、老練円熟となって、まさに成熟した大人の戦いとなった感がある。

たとえば前述のように、千早城の籠城戦では、正成は籠城軍の水路を絶とうとする敵方の作戦を予測して、山中五カ所の水源を事前にして開発しておいて、水舟まであらかじめ準備したとの記述があったが、このようなエピソードからも、軍事指揮官としての正成の思慮深さと老練さが伺える。

武将としての正成の器量と凄みを示すのに、次のようなエピソードはとくに有名である。

元弘二年（一三三二年）七月、楠木軍が再挙兵して河内・和泉を押さえて天王寺にまで進軍したときのことである。幕府軍側の宇都宮治部大輔《うつのみやじぶのだゆう》という武将が軍を率いて天王寺へ進み、楠木軍との戦いに挑んできた。これを知った楠木軍配下の和田孫三郎が、「先の戦では五〇〇〇の敵を叩き潰したわれわれです。今度はたかだか五、六〇〇騎の小勢、今夜こちらから攻めて蹴散らしてしまいましょう」と正成に進言した。

しかし正成は、「合戦の勝敗は軍勢の大小ではない。前回の合戦では大軍が敗れたのに、宇都宮が小勢で出陣してきたのは、おそらく一人も生きては還らぬ決意に違いない。宇都宮は関東一の武者で、戦いのために命を捨てるのを鴻毛《こうもう》の軽きにおくと聞く。そのような敵を相手に戦えば、負けなくとも味方の軍勢の多くが討ち死にすること必至。天下の形勢が今度の戦いだけで決まるわけではないのだから、貴重な兵の消耗は避けるべきである。良将は戦わずして勝つ。ここはいったん陣を退いて宇都宮の面目をたててやろう。攻めるも退くも場合によるものだ」といって、天王寺からの一時撤退を決めたという。

　楠木軍撤退ののち、宇都宮治部大輔の部隊はもぬけの殻になった天王寺をさっさと占領した。ところが夜になると、天王寺は何万という〝かがり火〟に包囲され、兵士たちは緊張で一睡もできないまま朝を迎える。しかし夜が明けても正成軍に動く気配はない。次の夜になると再び無数のかがり火が周囲を包囲した。

「いつになれば正成の大軍は総攻撃を始めるのか……」と幕府兵がびびってしまう。四日目、精神的および肉体的疲労の極致に達した幕府兵は、ついに天王寺から撤退した。じつは、このかがり火は「幻の大軍」で、正成が近隣の農民五〇〇〇人に協力してもらい、火を焚いたものだった。正成軍は一人の戦死者を出すこともなく勝利したのである。

　この戦いにおける正成の対応と、和田孫三郎の進言に応えての正成の戦況分析を読んでみると、彼がいかに老練円熟な武将であるかがよく分かる。自軍が敵軍にたいし圧倒的な軍勢をもって優位に立っている状況下でも、彼は驕《おご》らず焦《あせ》らずにして、敵軍の状況やその心理までを冷静に分析し、いまの目の前の戦いだけでなく、将来の戦いまでを考慮したうえで、一時撤退という自軍にとって最善の判断を下した。そして結果的に、味方の軍勢に少しの損害も与えずして敵軍を退《しりぞ》けることもできた。中国古代の「孫子の兵法」でもやはり「戦わずして勝つ」ことを最高級の良将の戦法としているが、正成はまさに「戦わずして勝つ良将」の名にふさわしい日本最高級の武将なのである。

和田孫三郎からの進言を受け、正成が行なった上述の戦況分析のなかで、筆者の私がとくに興味深く思ったのは、正成の述べた次の行である。

「宇都宮が小勢で出陣してきたのは、おそらく一人も生きては還らぬ決意に違いない。宇都宮は関東一の武者で、戦いのために命を捨てるのを鴻毛の軽きにおくと聞く。そのような敵を相手に戦えば、負けなくとも味方の軍勢の多くが討ち死にすること必至」と。

正成自身は「死ぬ覚悟で戦う精神」の持ち主であることは前述のとおりであるが、敵将の宇都宮とその部隊の心理にたいするこの分析を読んでいると、正成は戦いにおける「死ぬ覚悟」の重要性とその「恐ろしさ」を十分に認識していることが分かる。彼は敵軍に

「一人も生きては還らぬ決意」があると見ているからこそ、小勢である宇都宮軍との正面激突を避けて天王寺からの撤退を決めたのであろうが、いってみれば、いざとなったときに「死ぬ覚悟」をもって戦うことのできる正成自身は、このような「覚悟」の凄さを誰よりも知っているわけである。

つまり楠木正成は、源義経から発したところの「死ぬ覚悟で戦う武士精神」を自らの精神として受け継ぎながら、その一方ではまた、いわば第三者の目からこのような精神の意味を客観的に分析して適切に評価しているのである。

このことはじつに大事なことである。人間は自分自身がもつところの精神を客観的な視点から見つめてそれを評価する。このことの意味するところはすなわち、人間はある精神をただ無意識にもつのではなく、むしろこの精神にたいする自覚をもって、自らの精神を哲学しているのである。そして、まさに哲学的な意味においていえば、自覚されたところの精神こそが本当の人間精神として確立されているのである。

そういう意味では、武士として自らもつところの武士道精神への自覚を深めた楠木正成は、まさに日本の武士道を精神として確立した最初の武士といえるのかもしれない。あるいは別の言い方からすれば、要するに楠木正成においてこそ、義経から発した武士道精神の一側面が自覚を伴う成熟した精神として現れた、ということであろう。

◆大所高所からの情勢判断を行える希代の武士

個々の戦いにおいて楠木正成が老練円熟の智将であることは上述のとおりだが、戦いの現場から離れて、より大きな視点をもって天下の大勢を俯瞰《ふかん》することのできる武将の一人がまたこの正成である。

おそらく建武中興の時代、足利尊氏と並んで、あるいは尊氏以上に天下の大勢をよく見ている武将は正成以外にないと思う。

正成がいかに天下の大勢を冷静に見ているかを示す最たる例はすなわち、建武三年（一三三六年）に彼が後醍醐天皇にたいし足利尊氏との和解を進言した上奏の一件である。

そのとき、建武新政に反旗を翻した足利尊氏は天皇を擁する新政府軍との戦いに敗れて、京都から追い出されて遠方の九州へと逃れている。宮方の軍隊は京都に凱旋して、京畿《けいき》の秩序もいったん回復した。新政権の面々はおそらく誰でも、それで天下が定まったと思い、長い戦いの勝利を喜ぶムードが漂っている最中である。

が、まさにそのとき、人々の意表をつくような意外な献策が、楠木正成から後醍醐天皇に上奏されたのである。

この時代の史実を記録した史書の『梅松論』は、この献策の内容をこう記している。

「時に正成奏聞《そうもん》して云《いう》、義貞を誅伐せられて、尊氏卿を召《めし》かへされて、君臣和睦候へかし。御使にをいては正成しらむと申上《もうしあげ》たりければ、不思議の事を申たりとてさまざま嘲弄《ちようろう》ども有《あり》ける時、又申上候けるは、君の先代を亡くされしは併《しかし》尊氏卿の忠功なり。義貞関東を落す事は子細なしといへども、天下の諸侍悉《ことごとく》以彼将に属す。其証拠は敗軍の武家には元より、在京之輩《やから》も扈従《こじゆう》して遠行せしめ、君の勝軍をば捨《すて》奉る。爰《ここ》を以《もつて》徳なき御事を知《しろ》しめさるべし。倩《つらつら》事の心を案ずるに、両将軍西国を打靡《うちなびか》して、季月の中に責上《せめのぼ》り給ふべし。其時は更に禦戦術《すべ》あるべからず。上に千慮有《あり》といへども、武略の道においては、いやしき正成が申状たがふべからず。たゞいまおぼしめしあはすべしとて涙をながしければ、実に遠慮の勇士とぞ覚えし」

以上は後醍醐天皇への正成上奏の概要であるが、要するに正成は、足利尊氏が九州へと逃げていったとき、敗軍の武士だけでなく天皇側に属していたはずの武士の多くが新政権を捨てて彼に付いていった光景を見て、天下の民心を掴んで時代の流れに乗っているのはむしろ敗軍の将の尊氏であると悟った。そのうえで彼は、九州に逃れた尊氏軍の反転攻撃が必至であると見て、そうなったときには朝廷はもはやそれを防ぐ力がないと判断した。そして彼はこの的確にして冷徹な情勢判断に基づいて、天皇にたいして驚くべき献策を行なった。

その内容はすなわち、鎌倉幕府打倒の功労者であり、新政権の軍事勢力の重要な一翼を担う新田義貞を失脚させたうえで、「朝敵」となっているはずの尊氏との「君臣和睦」を計ることである。

このような献策は、いってみれば要するに、天下分け目の両軍対決のなかで、勝ったほうの大将の一人が、味方であるはずの同軍のもう一人の大将を斬って、負けたはずの敵軍の大将との和睦を提案したものだから、関係者一同の度肝《どぎも》を抜くような大胆な奇抜献策であることはいうまでもない。

あまりにも奇抜であるがゆえに、後醍醐天皇の身辺の公家たちはそれを「不思議の事を申《もう》したり」と嘲弄していた。おそらく新政権の面々から見れば、それはただの気の狂った荒唐無稽であるかもしれない。しかしよく考えてみれば、一見奇抜に見えるこの「不思議な」献策こそが、天下の大勢をきちんと見極めたうえで、天皇方の新政権にとっての最善の戦略を提案した苦心の策なのである。

つまり、天下の民心や武士たちの支持はすでに尊氏のほうに傾いた以上、依然として最大の軍勢を擁する尊氏との和解が、天皇方の新政権が生き延びる唯一の道なのである。そして尊氏との和解を図るためには、その邪魔となるはずの義貞も切り捨てなければならない。大所高所から情勢を見た正成の献策の論理はじつに明快であり、徹底的な合理性と現実主義に立脚したものである。しかしそれがやはり、天皇とその周辺の公家たちによって却下されたのだから、新政権のなかで情勢をきちんと判断していたのは「田舎武士」の出自の正成たった一人である。

もちろん、朝廷全体の顰蹙《ひんしゅく》を買うことを覚悟のうえであえてこのような奇抜な献策を行なった正成の心中にあるのは、まさに皇室と新政権の安泰を願う純粋な気持ちであることはいうまでもない。彼は批判されることも嘲弄されることも辞さずして、自らが最善と思っている戦略を練り上げて後醍醐天皇に献言した。皇室の安泰を思うその純粋さはまた、純情なる少年のごときものである。

そして、その後の情勢の変化はまさに正成が予測したとおりの展開となった。九州で反撃の準備を整えた尊氏軍は、圧倒的な軍勢をもって再び京都へと向かって攻めてきたのである。歴史が結局、天下の大勢を見る正成の目の確かさと、この合理主義精神に基づいた判断の正しさを証明してくれている。

このような大局を見る目と冷徹な合理主義精神の持ち主である正成は、ある意味では「最初の武士」だった源義経とはまったく違ったタイプの武士でもある。

かの義経の場合、軍事的指揮官として優れた才能をもっているが、天下の大勢を見てそれを適切に判断する能力は皆無といってよい。野戦司令官としての使命が終わったあとの義経は、むしろ時局に翻弄されながら訳も分からないうちに天下の大勢に呑み込まれていった。しかも、義経という人物には少年のような純情さが漲《みなぎ》っているが、成熟した大人の合理主義精神はまったく備えていない。英雄としての義経は偉大であるが、人間としての義経はある意味での幼稚さを死ぬまでもちつづけていた。それにたいして、少年のような純粋さや純情さと、老練な戦略家としての円熟みと合理主義精神を持ち合わせているところの日本武士は、すなわち楠木正成であろう。

そういう意味では、義経から北条家の執権たちを経てこの正成に至ると、日本の武士像は磨きをかけて徐々に重厚円熟なものとなって、日本の武士道精神はよりいっそう深まったことになっていると思う。別の言い方でいえばすなわち、この正成においてこそ、日本の武士道は「少年の武士道」から脱皮して「大人の武士道」として成熟した、ということなのである。

◆破滅の道を自ら選んだ日本武士の気概

以上、建武三年の献策を例にとって、正成が誰よりも天下の大勢を見る確かな目をもっていることを見た。そしてその後の情勢の変化は、まさに正成の予測するとおり、九州からの足利尊氏の戦略的巻き返しにより、天皇側の新政権は一気に劣勢に立たされて崩壊への道を辿っていった。

そのなかで、新政権の一員として、正成は天皇に殉じて悲壮なる最期を遂げたことは周知のとおりであるが、じつは本書の視点からすれば、まさに建武三年の献策からその悲劇の死に至るまでに正成の辿った道においてこそ、正成が武士の「典型権現」として、あるいは後世でいう「大楠公」として完成することの最大の契機と理由があるのである。

話をもう一度、建武三年の献策に戻そう。天皇にたいして前述の献策を行なったとき、正成は当然、新政権が自分の献策のとおりに義貞を切って尊氏との和睦を許らないかぎり、天下は最終的には尊氏の天下となることを予測している。そしてたいへん残念なことだが、彼の献策が天皇側によって一蹴された結果、情勢はまさに正成の予測するとおりの方向へと動き出している。

ということは要するに、自分の献策が却下された時点で、賢明な正成はすでに、後醍醐天皇の新政権の崩壊と尊氏の世の到来を確実に予見していたはずであろう。

そしてそのようなとき、一武将としての正成、あるいは一族郎党の長としての正成には二通りの選択肢があったはずである。その一つは、彼が実践したとおりの、後醍醐天皇への忠義を貫いて新政権側に最後まで追従《ついじゅう》していくという選択肢であるが、もう一つの選択肢はすなわち、自分にははっきりと見えてきた天下の大勢の流れにしたがって、崩壊するに違いない天皇側の新政権から離反して、天下を取ることとなる尊氏勢に帰順し、自らの地位と一族の安泰を計ることである。

当時の弱肉強食の乱世のなかで、つねに勝ったほうの勢力に帰順して保身を計っていた佐々木道誉《ささきどうよ》のような武将もいたように、強い勢力に従うのはむしろ一種の風潮となっている。もし当時の正成が天皇側から離れて尊氏のほうへ走る選択をしたとしても、おそらく誰もが驚かないであろう。もともと正成は尊氏とはけっして険悪な対立関係にあるわけではなく、むしろ互いに慕い合っている節《ふし》さえある。つまり正成にとって、尊氏と手を組む選択肢が現実にあったわけである。

もちろん、もし当時の正成が尊氏と手を組む決断をしたのであれば、それは天下を狙おうとする尊氏にとって大いなる助けとなったはずだから、おそらくのちに成立した室町幕府政権において、正成とその一族は「本領の安堵」だけでなくかなり高い地位を与えられて一族の安泰を保つことができたであろう。

そして、尊氏と手を組めばこうなることを正成自身は当然よく知っているし、その逆の選択をすれば自分自身と一族の破滅につながることも承知のうえであろう。しかし、にもかかわらず、正成はそのとき、確実に自分自身の破滅につながるような道を、自ら好んで選んだのである。歴史上、情勢の判断を誤って破滅の道へと走った人や、たんなる迂闊者《うかつもの》で訳の分からないうちに身の破滅を招いた人は多くいたが、正成の場合は断然と違うのである。

彼はその時代の誰よりも天下の大勢をはっきりと見ているし、天皇側の新政権の崩壊と尊氏の天下到来が必至であることを誰よりも知っている。そしてもちろん、自分自身が新政権側にそのまま付いていけばそれはすなわち破滅の道であることは百も承知であろう。

しかしそれでも正成は、天皇側に最後まで追従することを選択した。つまり彼は、それが破滅の道であると知りながら、あえて一族郎党を率いてこの道へと一直線に走っていったのである。

われわれは本章の前節では、多少の幼稚さをもちつづけた義経と比べれば、正成の人間像はいくぶん老練円熟となって合理的判断のできる大人であることを論じたが、しかしいま、破滅の道であることを知りながらあえてそれを選択した正成の決断からすれば、彼は本質においては義経とはまったく同じタイプの人間であることが分かる。つまり義経も正成も、自らの保身や出世などにはまったく無頓着で不器用な人間なのである。

とくに正成の場合、彼は武将としては老練ではあるが、保身的な老獪《ろうかい》さはまったく持ち合わせていない。戦術の考案や情勢の判断にかけてはきわめて合理的な思考のできる人間であるが、世渡りにかんしてはまったく利口とはいえない。「天下国家」のことにかんしては円熟した判断力をもっているが、自分自身のこととなるとまったく世渡り下手な人間だと思われるのである。

つまり、武将としての老練円熟さと合理主義精神の強さと、自己保身にかけての無頓着と不器用さという一見矛盾したような二つの精神性を持ち合わせたのがすなわち楠木正成の人間像であるが、よく考えてみれば、いわば「日本武士」たるものはまさにこのような人間であり、この楠木正成こそが典型的な日本武士なのである。あるいは、この正成においてこそ、武士道精神の具現化となる日本の武士像が完成された、ともいえよう。

◆大義に殉じて死ぬ――武士道精神の完成

そして、ここに出てくるもう一つの大事な問題はすなわち、あれほどに合理的思考のできる正成がいったい何のために、身の破滅につながる道をあえて選んだのだろうか、ということである。

その答えはある意味では、じつに明瞭なものである。

元弘元年（一三三一年）に後醍醐天皇の孤立無援の挙兵のなかでいち早く天皇のもとに駆けつけてから、建武三年（一三三六年）に湊川で殉死するまでの正成の言動を見ると、天皇にたいする忠義、あるいは「尊皇の精神」が、武士としての正成の根底にあるものであることがよく分かる。天皇への忠義と尊皇精神こそが、正成が自らの行動をとるときの最後の判断基準であり、彼のもつ人間精神の基軸をなすものであろう。

このような基軸が確立しているからこそ、後醍醐天皇がわずかな手勢を率いて勝つ見込みの薄い挙兵を行なったとき、それまで天皇からの特別なご恩顧をべつに受けたことのない正成がすべてを放り出して天皇側に加わって討幕運動に挺身《ていしん》した。そして前述のように、足利尊氏の反撃の前で天皇側の新政権の崩壊が必至の趨勢となったなかで、正成は自らの破滅につながることを承知のうえで、あえて滅んでいく側の新政権陣営に踏みとどまる選択をしたが、それもまた、自らの尊皇精神から発したところの決断であるに他ならない。

その後、正成の予測するとおり、尊氏軍が九州から反攻してきて水陸の両面から畿内へと攻め込んできた。そのとき、正成はそれが味方にとっての最後の戦となることを知りながら、天皇からの勅命にしたがって何の躊躇《ためら》いもなく死地の湊川へと赴いたのは周知のとおりである。

そして湊川の戦いでは、尊氏軍の圧倒的な軍勢を相手に決死の戦いを思う存分戦ったのち、正成は弟・正季とのあいだで「七生までも只《ただ》同じ人界同所に託生して、遂に朝敵を我手に懸て亡さばやとこそ存候」との有名な言葉を交わしてから、悲壮な最期を遂げたことは歴史の記述するとおりである。

正成の死の意味にかんして、明治生まれのもう一人の高名な歴史学者の中村直勝《なかむらなおかつ》博士は、自著の『南朝の研究』（淡交社）のなかでこう評している。

「正成の心中には『忠』の観念があった。君のために身命を捨つべきを以て臣子としての最大の義務と考えた。死ぬべき時期、それはかくなった以上、今を措《お》いて他に求むべきではないといふ覚悟が出来た。彼は力の限り、根限り、精を尽くして奮然と戦ひ粛然として死んだ。（中略）彼は殺されたのではない。自害を余儀なくせられたのではない。自ら進んで死ぬべき時期に、欣《よろこ》んで死んだのである。『忠』の観念のために」

以上の中村博士の論述には二つほど重要な点があろう。一つはすなわち、正成はただたんに戦死した、あるいは殺されたのではなく、むしろ自ら好んで死を選んだ、と指摘した点である。そしてもう一つはすなわち、正成は「君＝天皇」への「忠」を尽くすために死を選んだ、という点である。

この論述から見ても、天皇への忠義はまさに正成という武士の原点のなかの原点であることがよく分かる。ある意味では正成の人生はまさに天皇のために生き、天皇のために戦い、そして天皇のために死した人生であるが、天皇への忠義というものは、正成にとって自らの命よりも一族の運命よりもはるかに大事なもので、この世のすべてを超越した至上の原理であるといえよう。

　このような「忠義」の観念はいったい何に基づくものなのか。一部の論者は、それが正成の後醍醐天皇という卓越した天皇にたいする個人的敬慕や感恩に基づくものであろうと解釈しているが、それは必ずしも当たっているとはいえない。前述のように、正成は後醍醐天皇の挙兵に応じる決定的な一歩を踏み出す前には、天皇とは個人的なつながりがあったわけでもないし、天皇からの特別なご恩顧を受けたわけでもない。つまり正成は、「後醍醐天皇」という個別の天皇への忠義よりも、むしろ天皇そのもの、あるいは皇室そのものへの忠義心から、討幕運動への挺身を決断したわけであり、そして自分自身が死ぬまでこの忠義を貫いたわけである。

　つまり、正成にとっての天皇への忠義は、けっして個人レベルでの感恩などの次元のものではない。それはむしろ個人レベルの感情や人間関係を超えたところの「大義」であり、いわば至上の超越原理なのである。この日本という国のなかで、本来ならすべての政治権力や党派利益を超越したところの天皇あるいは皇室こそが至上の存在であり、この至上の存在への忠義こそが、本物の大義となりうるのである。

　したがって正成は、まさに大義のために生き、大義のために死したわけである。彼はたんに武士として死を成し遂げただけでない。彼は自らの死をもって、武士の「本分」としての死に「大義」というものを与えた。そしてその一挙によって、「武士道と云ふは死ぬ事と見付けたり」（葉隠）ということの意味は、まさに「大義のために死ぬ事」という高い次元のものにまで高められたのである。

つまり正成の生と死によって、日本の武士道精神は「大義」というものを得た。そして「大義」に基づく武士道こそが本物の武士道たりえたわけである。それはすなわち、楠木正成という武士のなかの武士が生きたことと死したことの歴史的意義なのである。

第四章

信長、秀吉と家康

異なる武将像とその歴史的意味

◆世界的視点から日本の武将を論じる

前章の主人公である楠木正成が活躍した時代から下ると、南北朝を経て室町時代となるのだが、武士政権支配下のこの時代においては、どういうわけか武士の模範となるような武士の出現はほとんど見当たらない。それは文化が繁栄した時代であっても、武士道の盛んな時代ではないようである。そして、やがて室町幕府が乱れて大乱世の戦国時代になると、さまざまなタイプの武将たちがいっせいに登場してきて大活躍したことは周知のとおりである。

星のごとく輩出した戦国武将のなかで、この時代を代表するような人物といえば、それはやはり、戦国時代の終盤において天下統一の大事業を順番に受け継いで日本という国を戦乱から平和へと導いた信長・秀吉・家康の三人であろう。彼ら三人こそは、戦国時代だけでなく、およそ近代以前の日本史のクライマックスを飾った最大級の英雄に数えられる人物である。

そして、乱世に生きた英雄らしく、この三人ともが強い個性の持ち主であることはよく知られている。彼らは歴史的人物として絶大な存在感を醸し出していながら、それぞれの行動原理と人間性において非常に鮮明な違いを見せている。

「鳴かぬなら殺してしまへ」「鳴かずとも鳴かしてみせふ」「鳴かぬなら鳴くまで待とう」というのは、この三人の行動原理・政治スタイルの違いを端的に表した古典的名文句である。

直截《ちょくせつ》明快にして冷酷非情な信長。人の心を摑み、それを上手に動かす天才としての秀吉。そして日ごろの努力を積み上げて時機が熟するのをじっと待つという忍耐強い家康。それぞれ持ち味はまったく違うが、この三名の政治リーダーを同じ舞台に揃えて、それぞれのスタイルに合わせたそれぞれの役割を果たさせることによって、日本の戦国時代を天下統一へと導いたのは、まさに「神の見えざる手」ともいうべき歴史それ自体の叡智というものであろう。

だが本書としての関心点はむしろ、いわば日本の武士道精神の発達史において、この三人はいったいどのように位置づけるべきなのか。そしてその後の日本史において、この三人はそれぞれ、武士道の発達や進化にどのような影響を与えたのか、といった点である。

その際、一度視点を変えて、日本史だけに限定するのではなく、むしろ世界史的な視野からこの三人の日本武士のリーダーの特質を見てみるのも面白いではないかと思う。というのも、たとえば織田信長は宣教師などを通じて西洋の世界を知り、それに強い関心をもっていたことは周知のとおりであり、豊臣秀吉も朝鮮を経由して隣国の明国（中国）に攻め込もうとしていたことがよく知られている。同時代に生きた二人の日本武士のリーダーが、いっせいに外の世界に目を向けていることはじつに興味深い。結果的に、この二人に取って代わって最終的に天下の統一を果たしたのは、日本の外の世界にあまり関心がない徳川家康であるが、彼のこのような「内向き」の特質や志向は、その後の武士社会にどのような影響を与えたかも、やはり興味のわく問題であろう。

よって本章は、「世界的視点から見る日本の武士像」という切り口で、上述の三人の日本の武将を論じてみようとするものである。

◆西洋風の合理主義の塊である信長

まず信長から論じてみるが、じつは前述の詩句に詠われている「鳴かぬなら殺してしまへ」は、まさに信長という武将の行動原理を端的に言い表したものである。

一言でいえば、それはすなわち、西洋的合理主義を極端化した行動原理である。西洋から生まれた「合理」（rationality）という概念の意味は、簡単にいうと「無駄のないこと」である。普通でいう「合理化」は、まさに「無駄を省いて物事を能率的に行う」ことを指している。

その際、何が無駄であるか、何が無駄でないかの判断基準は当然、達成しようとする目的によるものだ。目的の達成にとって役に立たないもの、あるいは役に立たなくなったものはすべて無駄であり、すべては無駄として排除されなければならない。「合理的」ということは「目的合理性」とも呼ばれて、じつに簡単明快な論理である。

日本の歴史において、たとえば楠木正成は多少このような合理主義精神を体得した武士の一人だったことは前章に記述したとおりであるが、その一生涯を通して、このような簡単明快な論理を政治と軍略の実践において完璧に貫徹したのは、ほかならぬ戦国武将の信長という人である。

ここではいつものように、まず織田信長の生涯を簡単に記しておく。

織田信長は天文三年（一五三四年）、尾張那古野《なごや》城にて織田信秀の嫡男として生まれる。幼名は吉法師である。十三歳で元服したが、少年のころから腰に瓢箪をぶら下げるなどの奇妙なふるまいと服装を好み、町中《まちなか》にて柿や餅を食べ歩いたりしたので、「尾張のうつけ者」と評判になる。成人したのちに美濃の斎藤道三の娘・帰蝶（濃姫）と結婚し、父・信秀の急死により家督を継ぐ。

父・信秀の没後、本家の清須・岩倉両織田家を滅ぼし、尾張を統一した。永禄三年（一五六〇年）桶狭間の戦いで今川義元を破り、のちに美濃の斎藤氏を降して岐阜に居城を移した。永禄十一年（一五六八年）足利義昭《よしあき》とともに上洛し義昭を将軍に擁したが、ほどなく不和になり、天正元年（一五七三年）義昭を京都から追放し、室町幕府を滅ぼした。天正三年（一五七五年）長篠の戦いで武田勝頼に大勝し、翌年に近江に安土城を築いて移った。

そして天正八年（一五八〇年）に石山本願寺を攻め降し、畿内を平定する。天正十年（一五八二年）に甲斐に遠征して武田氏を滅ぼし、続いて中国・四国制圧を期して上洛中に本能寺で明智光秀の謀反に遭い自害した。

以上は四十九年間にわたる信長の短い生涯の略歴であるが、徹底的な目的合理性への追求こそが彼の生涯を貫いた最大にして唯一の行動原理である。目的達成のためにじつの兄弟も平気で殺してしまうというのは信長の若いころからの一貫したやり方だが、とくに永禄十年（一五六七年）に美濃攻略に成功して尾濃両国における自らの覇権を確立し、「天下布武」が信長にとっての最大の政治目標となって以来、彼はまさにこの一つの目標達成のためにすべてのエネルギーを集中させて疾風のごとく進撃した。そしてこのプロセスのなかで、信長はじつに冷酷極まりないやり方でその「目的合理性」を貫いてみせたのである。

「天下布武」という目的の達成にとって役に立つものであれば、彼はいっさいの伝統的因習や既得の権益や社会的通念に縛られることなく、何でも好んで取り入れて己の道具として思う存分活用する。鉄砲の大量使用とそれを中心とする新戦術の創出しかりであり、機動性のある大軍団の編成を主眼とする専業の常備軍の創建しかりであり、領内の税収を増やすための楽市楽座の設立もそうである。

　彼は本心では、己以外のいっさいの権威を認めないという徹底的な「独尊主義者」であったにもかかわらず、「天下布武」のために有用であれば、室町幕府の落ちこぼれ将軍や影の薄い天皇や公家を何の臆面もなく目上に戴いてどんどんと利用していく。のちの叡山焼き討ちの「実績」から見れば、信長は神仏など何とも思っていない人間のようであるが、桶狭間の襲撃という乾坤一擲《けんこんいってき》の戦に打って出る前に、彼はやはり兵たちをまず熱田神社に集めて、神様の力を借りて士気の高揚に努めた。

人材の登用にしても、信長は人の出自や家柄などにいっさいこだわることがない。裏切り者にせよ百姓の倅《せがれ》にせよ、役に立つと目をつけた人間であれば、それを思い切って使い思い切って抜擢《ばってき》するのが信長の流儀である。

現代の実用主義者たちの哲学でいえば、「有用なものはすなわち善いものだ」ということである。

その反面、己の目的達成に無用なものにたいしては、信長はまったく興味がないどころか、心底からの憎悪感さえもっていたように思われる。目的の達成にとって無用なもの、あるいは無益有害だと認定したものであれば、それが信義であれ約束であれ、功労のある家臣であれ人間感情の絆であれ、日本の伝統であれ畏れ多い神仏であれ、彼は何の躊躇《ためら》いもなく、いかにも冷酷無比なやり方でそれらを容赦なく切り捨ててしまう。まさに一点の「無駄」もない、徹底した合理主義の貫徹である。

◆明智光秀に阻まれた日本の「西洋化」

そのなかでもとくに語り継がれてきたのは、敵となった人間たちにたいする彼の仕打ちの残酷さである。前代未聞の叡山焼き討ちや一向一揆の参加者にたいする地獄絵のような大量虐殺などはその好例であろう。しかしよく考えてみれば、それらの残酷行為は、たんなる憎しみや感情的な爆発から発するものよりも、むしろ冷徹な計算に基づいた合理的な軍事行動である場合が多いと思う。たとえば熱狂的な宗教信仰に根ざした一向宗の門徒たちの反乱にたいしては、それを肉体的に殲滅する以外に平定できる方法がないというのは、戦術の面ではむしろ理に適《かな》った「適切な」判断というべきであろう。

そして誰かを殺すか殺さないかの判断においても、信長はつねに冷静な打算を働かせている。たとえば荒木村重《あらきむらしげ》による一度の反乱にたいして、彼は一族男女皆殺しの恐ろしい報復を行なったが、二度にわたって信長に反旗を翻した裏切り常習犯の将軍義昭への処罰となると、それはたんなる京からの追放に止まっている。将軍を殺してしまった場合、それが自分に与えるマイナスの政治効果を、信長はちゃんと計算しているからであろう。

このようにして、この世界に存在するすべてのものを、自らの目的達成のための手段だと見なして、目的達成にとっての有用度の視点から優劣の順位をつけ、有用なものは何でも取り入れて活用するが、無用なもの・有害なものはいっさい切り捨ててしまうのである。このような態度こそは、まさに西洋流の合理主義の極意たるものであるが、歴史上の信長という人物は、日本人でありながらも、その武将としての生涯を通じて、当の西洋人以上に合理主義の行動原理を完璧に貫いたものである。

行動原理においてだけでなく、文化的志向やライススタイルの面においても、信長の「西洋かぶれ」は多くの記述から知られている。彼は西洋からの宣教師を優遇して「南蛮もの」を好み、西洋の知識や情報の吸収には誰より熱心である。彼の目はつねに海の彼方へ向かっているのである。

いってみれば、この信長こそは日本人のなかの「西洋人」であり、日本という枠組みには収まらない「国際人」なのである。まさにそれがゆえに、日本の歴史のなかで、彼はむしろ例外的な存在であり、稀に見る異端児なのである。

ここで一つ、たいへん興味深い問題がある。もし信長が志半ばで倒れることなく、最後までに「天下布武」の目標を達成して天下の統一を成し遂げたのであれば、彼はいったいどのような社会システムをこの日本においてつくりあげていたのか、である。

死ぬまで貫いた彼自身の行動原理からすれば、名実ともに日本全国の支配者となった暁《あかつき》には、おそらく彼は、その合理主義の原理を政治・経済・社会の隅々にまで浸透させ、日本という国を彼自身を中心とする一元的な「合理的システム」につくりかえていたのではなかろうかと思われる。

その際、政治の面においては織田家を頂点とする一元的な権力構造の独裁支配の確立、軍事の面においては徹底した兵農分離による信長直轄の常備軍の設立、経済面における楽市楽座の拡大版としての全国的市場システムの整備などが、その国づくりのいくつかの重要なポイントとなったはずである。

それと同時に、おそらく日本伝統の政治・社会・文化的中心要素の多くは、まさに無駄なもの、無用なものとして容赦なく排除されていく運命にあったであろう。

たとえば万世一系の皇室はその一つであろう。日本全国における自らの支配権を確立したときには、おそらく信長にとって天皇家の利用価値はすでになくなっているはずである。それどころか、天皇の権威は彼自身の権威樹立の邪魔にさえなっている。信長のめざした一元化の独裁的政治体制において、天皇が存在する理由と場所はどこにもない。そのとき、かつて将軍の義昭を使い捨てにしたのと同じように、天皇家の廃絶が信長の視野に入る可能性は十分にある。

それに加えて、日本の良き伝統の一つである「宗教的多様性」も、この信長の手によって破壊されたかもしれない。

晩年、安土城に鎮座する信長は、「予自らが神体である」と言い出して、自らを礼拝させるために「盆山」という石を城内の寺院の最高所に置かせたのは有名な話である。信長を本尊とする総見寺を建立して信長像を置き、神仏を拝まず信長を拝めと朝廷にも命じてきたともいわれている。どうやら彼は、自らの「神格化」を図って自ら「神」となろうとしているのである。

そのままいけば、その政治的支配権をより強固なものにしていくために、信長がいずれ自分自身を崇拝の対象とする本格的な宗教の創建に着手するのは自然の成り行きであろう。つまり、天皇家の廃絶と連動して、彼は天皇に取って代わって日本国の最高神格となるのである。

このような宗教はもちろん、彼自身を「唯一の絶対者」とする一元的な「一神教」でなければならない。もしそうなっていれば、日本的な宗教の多様性と寛容性は、まさに西洋流の排他的一神教によって排斥されてしまう結果になるのである。

そうなると、天皇家が廃絶して宗教的多様性が消え去ったあとの日本は、もはや日本ではなくなるのは自明のことである。

いってみれば、信長が日本の主となった暁には、まさに日本そのものが破壊されていく運命にあるのである。

この悪夢のような運命を断ち切ったのは、いうまでもなく、あの「敵は本能寺にあり」の明智光秀である。諸学に通じて和歌や茶の湯を好んだ光秀は、ある意味では日本の伝統的な文化人の一面をもっている。叡山焼き討ちの際に死を賭して信長を諫めた経緯からも分かるように、彼は神仏を大事にする心情の持ち主でもある。つまり彼は、信長とは対照的な、伝統を重んじる生粋の日本人の一人なのである。

このような人物であった光秀が信長を殺し、日本的伝統の破壊者としての信長の野望を打ち破ったとは、何という運命の巡り合わせであろうか。光秀が本能寺の変を起こした直接の動機はいまだにナゾに包まれているようだが、歴史的にみれば、彼はまさに一人の日本人として「天魔」信長を消したわけである。そういう意味では、本能寺の変の歴史的意味はすなわち、「西洋人」の信長がめざした日本の「西洋化」が、日本自身の伝統によって阻まれた、ということである。

そして本書の視点からすれば、「本能寺の変」は、じつは日本の武士道の伝統の存続にとっても大変な幸いである。というのも、もし信長がめざした日本の「西洋化」が実現されて、西洋流の徹底した「目的合理性」の行動原理が日本社会の原理として浸透していけば、目的の達成などよりも忠義や美学や純情を重んじる日本の武士道精神は存立する余地がもはやなくなってしまい、他の日本的伝統とともに抹消されていったに違いない。

そもそも信長流の自己中心の合理主義からすれば、誰かのために忠義を尽くすとか美意識のために汚いことをやりたくないとかの日本武士の観念と心情はまったく無用の長物であり、あるいは目的達成の邪魔でさえあろう。武士のリーダーであったはずの信長の精神は、まさに武士道たるものとの対極にあるのである。

そういう意味では、信長の死とそれに伴う日本の「西洋化」の頓挫《とんざ》は、日本の武士道精神の伝統の保持にとってじつに意味重大である。いってみれば要するに、信長が死して武士道が生き延びた、ということである。

◆「シナ人」である秀吉とその失敗

信長の後を継いで天下を取った豊臣秀吉もまた、強い個性をもつ別タイプの武将である。秀吉の生平（生涯）を簡単に記しておくと、彼は天文六年の一五三七年に尾張国愛知郡中村の百姓として生まれた。成人してから行商して放浪したのち織田信長に仕えて、戦功を立て出世して、羽柴《はしば》秀吉と名のった。信長の死後、明智光秀、柴田勝家を討ち、ついで四国・九州・関東・奥州を平定して天下を統一する。この間、天正十三年（一五八五年）関白、翌年太政大臣となり、豊臣を賜姓される。また、検地、刀狩りなどを行い、兵農分離を促進した。のち、明国征服を志して朝鮮に出兵したが、戦局半ばで病没。茶の湯などの文化活動も盛んに行い、いわゆる桃山文化を開花させた。

日本人なら誰でも知っているこの略歴を見ると、社会の底辺に生きた一農民の子から天下人《てんかびと》にのしあがった秀吉は、まさに立身出世の天才であることがよく分かる。そして「出世する」という自らの目的達成のために人を上手に利用する点では「師匠」の信長と同じだが、その利用する仕方はまるごと違っている。彼は人情の機微に明るく、人の心を読む術《すべ》に長けていて、おまけに陽気な性格で口が達者だから、人を口説いて籠絡するのはもっとも得意である。

そのために、多くの人々を味方につけて己のために働かせるのが彼の一貫した政治手法となっている。戦においては、堂々たる正攻法よりもむしろ水面下での調略を彼は常套手段としている。その際、彼はつねに人の欲望というものに目を付けて、それを巧く利用するかたちで自らの目的を達成しようとする。利害を説いて人を動かすのは彼の持ち前の才覚である。

国際的視野から見ると、秀吉に見られるこのような気質や行動原理を、いわば「民族性」としてもっているのはいったいどこの人間かといえば、それはやはり、隣の中国大陸に生息する漢民族であろう。

浪人の身一つで諸国の王様たちのあいだを歩き回り、大国を説き伏せて意のままに動かすという「合従連衡《がっしょうれんこう》」の策士たちが活躍した春秋戦国の時代以来、中国大陸ではいつの時代でも、秀吉とそっくりの人物たちが輩出して、歴史を動かすキーマンとなっている。

おそらく現在でも、日本人が対中外交や対中ビジネスの最前線で毎日のように付き合っている中国人のなかには、このような「秀吉タイプ」の人がもっとも多くいるはずであろう。中国国内では、商談や宴会の場へ行けば、必ずや一人か二人、日本の秀吉を彷彿させるような人物に出会える。

つまり、信長が日本人のなかの「西洋人」だとすれば、秀吉はまさに日本人のなかの「シナ人」なのである。

そして、信長がつねに目を西洋に向けていたのにたいして、秀吉にとっての夢の地はや

は り中国大陸である。だからこそ、彼は晩年において明国征服というとてつもない大計画を打ち出して、朝鮮出兵の博打《ばくち》に打って出た。秀吉にとっての天下はやはり大陸そのものであって、日本という狭い天下を取っただけではけっして満足できない。信長と同様、彼の精神は日本という枠組みを超えて、海の向こうの大陸に安息のフロンティアを求めているのである。

ここでもやはり、もし秀吉の明国征服計画が成功した場合、日本と中国は一体となるのか、との問題に興味を惹かれるのである。

まず中国から見てみよう。秀吉が本当に大陸の征服に成功して大陸の支配者となった場合にしても、おそらく中国大陸自体は何も変わらないと思う。大陸の漢民族はその長い歴史において、侵入してきた外来民族によって支配されたことが何度もあるが、外来民族の建てた政権が崩壊してしまうと、漢民族自体は何も変わらずしてそのまま生き延びてきたという実績がある。

しかもその際、変わってしまったのはむしろ支配者としての外来民族のほうである。たとえば満州から中国本土に入って清王朝をつくった満州族の場合、数百年にわたって漢民族を支配しているうちに、彼ら自身がその文化的純粋さと原初性を失って完全に漢民族に同化されてしまった。気がついたら、独自の文化をもつ満州族というものはもはや存在しなくなっていたのである。

したがって、もし秀吉の明国征服の野望が叶って、しかも天皇を北京に移して天下に号令するという彼の計画が実現できた場合、日本民族はかの満州族の運命をたどっていった可能性がまったくないわけではない。へたをすると、日本の伝統と文明そのものが得体の知れぬ漢民族に呑み込まれて消え去ったかもしれない。

このような結果は、日本民族自身にとってだけでなく、世界の文明史にとっても大きな損失でしかない。自らの伝統と文化を失ったあとの日本は、いったいどのような惨めな国に転落していくのだろうか。そして日本の文明と文化を失ったアジアは、いったいどれほどつまらない世界になってしまうのだろうか。想像するだけでぞっとするものである。そういう意味では、朝鮮半島における秀吉軍の敗北は、日本にとっても世界にとってもむしろ大いなる幸運なのである。

もちろんわれわれのテーマである日本の武士道精神の存続にとっても、秀吉の失敗はまさに諸手《もろて》をあげて歓迎するべきだ。そもそも、人の欲望というものに目をつけてそれを巧く利用することによって自らの目的を達成するという秀吉の手法は、日本の武士道にまったくそぐわないものであり、「シナ人」の秀吉は武士政権の長であっても日本の武士であるとはとてもいえない。日本の武士たちが皆、彼のような抜け目のない口達者な人間となっていれば、武士道たるものは確実にこの国から消えてしまうのであろう。

実際、後世の江戸時代においては、秀吉は庶民の英雄にこそなっていたようだが、武士社会にはあまり人気がない。そういう意味では、江戸時代が秀吉のつくった時代ではないのは本当に良かった、と筆者の私は思うのである。

◆「忍」のひと文字で天下を取った本物の日本人

江戸時代をつくりあげたのは徳川家康である。朝鮮での秀吉の失敗は豊臣家凋落の原因の一つともなったが、その結果として、秀吉の死後、彼にとってかわって天下をとるチャンスを手に入れたのが家康である。信長と秀吉の後を継いで天下統一の総仕上げをなしたのは結局この家康であったが、「西洋人」の信長や「シナ人」の秀吉と比べてみると、家康という人物こそは、あらゆる意味においての、もっとも典型的な日本人なのである。

「鳴かぬなら鳴くまで待とう」という句が端的に表しているように、あるいは「人の一生は重荷を負うて遠き道をゆくがごとし……」という本人の「御遺訓」が示しているように、隠忍、忍耐、我慢強さといった言葉で表現されるような気質こそが家康という人間の最大の性格上の特徴であり、その人生を通して貫いた一途な生き方でもある。

ここではまず、「忍」のひと文字で貫かれている家康の生涯を見てみよう。家康は天文十一年（一五四二年）岡崎城主・松平広忠の長男として生まれたが、六歳から織田信秀、八歳から十九歳まで今川義元の人質となった。永禄三年（一五六〇年）桶狭間《おけはざま》の戦いで今川義元が敗死後に自立し、織田信長と結んで三河を平定した。永禄九年（一五六六年）徳川に改姓。元亀元年（一五七〇年）居城を浜松とし、姉川の戦いで織田信長を助け、長篠《ながしの》の戦いで武田氏を破った。駿府《すんぷ》に居城を移し駿河・遠江・甲斐・信濃・三河の五カ国の経営にあたったが、北条氏の滅亡後に関八州に転封となった。豊臣秀吉の死後はいわゆる五大老の筆頭となり、慶長五年（一六〇〇年）関ケ原の合戦で石田《いしだ》三成《みつなり》を破り天下を統一した。慶長八年（一六〇三年）征夷大将軍に任命され江戸幕府を開いた。慶長十年（一六〇五年）に将軍職を秀忠《ひでただ》に譲ったあとも駿府で大御所政治をとり、元和元年（一六一五年）大坂の陣で豊臣氏を滅ぼしたが、翌年に病死した。

その長い生涯においては、今川家の人質になってから秀吉が死去するまでの長い期間にわたって、耐え難きを耐えて、我慢に我慢を重ねていくというのは家康の一貫した政治スタイルであった。信長との同盟維持のために自分の正室と大事な跡継ぎの嫡子を自害させてしまうことや、秀吉の命令一つで古巣の根拠地をあっさりと放棄して見知らぬ関東へと移ったことなどからも見られるように、彼はまさに「忍」のひと文字で多くの苦難と試練を乗り越えて生き延びた。

秀吉死後の天下取りの戦いにおいてこそ、家康はさまざまな謀略を駆使して背信棄義の汚い手段を用いたことは確かであるが、それまでの長きにわたって彼はむしろ自らの仕えた今川義元・織田信長・豊臣秀吉にたいして馬鹿正直なほどの律義《りちぎ》を貫いたことに定評がある。他人にたいしてあれほど峻烈だった信長と二十二年間にわたって同盟関係を結び、一度も裏切ることなく信長のために尽くしたということは、家康の天下一品の律義さと忍耐の証拠であると同時に、彼の誠心誠意は猜疑心のかたまりである信長からも認められたことの結果であろう。

信長を継いで天下人となった秀吉にたいしても、家康の姿勢は同じであった。秀吉と互角に戦った小牧長久手《こまきながくて》の戦から、いったん上洛して秀吉に臣下の礼をとると、秀吉の死去まで、彼は豊臣政権のもっともよき協力者として行動した。秀吉自身から「律気な内府様」だと感心されたのはそのときのことである。

そして秀吉亡きあと、彼は政治の面において自らの天下取り戦略を着々と進めながらも、秀吉の遺児と豊臣家にたいする礼儀と配慮をけっして粗末にしなかった。

慶長八年二月に征夷大将軍の宣下《せんげ》を受けて事実上の最高権力者となったその半年後、彼は孫娘の千姫《せんひめ》を豊臣秀頼《ひでより》に嫁がせて両家のよしみを天下に示した。その年の元旦には、家康自身の指示により、在京諸大名は新年祝賀をまず大坂の秀頼に述べに行った。そして家康自身も大坂へ年礼に出かけたという。

このように、周りへの配慮と礼儀を周到にしながら、できるだけ全体の「和」を保ちながら政治をやっていくというのが家康の一貫したスタイルであるが、それはまた、いわゆる「日本的」な物事の進め方でもある。

個人的なキャラクターの面においても、家康はもっとも日本的である。信長の意気軒昂と大胆不敵、秀吉の快活明朗と如才なさと比べれば、実直謹厳・無骨一徹こそが家康の人間像である。

このように、我慢強くて非凡な忍耐力をもち、堅実にして律義であり、真面目にして頑張り屋であり、コツコツと気の長い努力を重ねていくことによって困難な仕事を成し遂げていくというのが、家康という戦国武将の気質なり性格なり生き方である。

信長や秀吉の華やかさと比べると、それはあまり魅力を感じさせない地味なものであるかもしれないが、このような気質と生き方はそのまま、現在にいたっても世界的に認知されているところの、日本民族の「国民性」の特徴の数々とぴったりと重なるものである。いってみればこの家康こそは、平均的な日本人像にもっとも近い日本の歴史人物なのである。

そして、長い乱世を戦い抜いた結果、同時代に生きた信長、秀吉と家康の三人のなかで、最後に生き延びて天下統一を仕上げたのは、やはりこの「鳴くまで待とう」とする忍耐強い家康である。「西洋人」の信長でもなければ、「シナ人」の秀吉でもなく、「日本人」の家康が最後の勝利を収めたのだ。

◆「日本人」家康がつくりあげた日本史上最高の時代

そしてそのことの結果が、現在に至るまでの日本の歴史の進路と日本という国の国柄の形成に与えた影響はじつに大きい。

つねに海の向こうや大陸のほうに目を向けていた信長や秀吉と違って、天下を取ったあとの家康はむしろ日本という島国の経営に専念して国内の体制づくりに力を注いだ。彼の孫であり真の継承者である家光の時代になると、家康から始まった国内体制の整備がやがて完成したが、それはじつに素晴らしいというほどの日本的システムの総仕上げなのである。

その体制づくりの重要なポイントの一つは、家康の「公武峻別」政策による「象徴天皇制」の定着化である。幕府を京都に置き、いわば公武合体をめざした室町幕府の政策とは打って変わって、家康はむしろ鎌倉時代の古き伝統に回帰するようなかたちで、武家政権としての幕府と、伝統的権威としての皇室・公家との立場上の峻別と役割の分担をより明確にした。家康の手による「武家諸法度」と「禁中 並《ならびに》 公家諸法度」の制定は、その最大の狙いがまさにここにあるが、それはつまり、日本社会の伝統的・祭儀的・文化的要素、および「栄誉の授与」の権限を京都の朝廷に委ねながら、幕府はあくまでも純粋な武家政権として政治の全権を握って自律的に国政の運営を担当する、という政治システムの確立である。

「象徴天皇制」のもとの権威・権力の分離は、そもそも日本の古き政治伝統の一つである。権威と権力のすべてを皇帝＝天子の一人に集中させた中国流の専制政治の歪《いびつ》さとそのもたらした数々の弊害から見れば、それはいかにも優れた日本独特の政治伝統であると思うが、「公武峻別」政策の貫徹によってこのような良き伝統を取り戻して定着化させたところは、やはり家康という「日本人」の歴史的功績の一つであろう。

それと並んで、幕藩体制下の日本的封建制の確立も、家康の仕上げた日本的システムの見所の一つである。日本全国を幕府領と三〇〇以上の大名領に分けて、江戸幕府は武家の棟梁として諸大名を統率しながらも、各大名領における藩の直接支配権と自治権を認めるという仕組みであるが、それこそは、北京にある朝廷が広大なる国土のすべてを支配するという硬直した中央集権制を敷いていた隣の「中華世界」とは根本的に異なったところの、日本が日本である所以の独創的政治体制である。

世界的に見れば、唯一、日本と並んでこのような封建体制を確立したのは近世のヨーロッパ世界であるが、ほぼ同じ時期に、ヨーロッパと江戸時代の日本の両方において洗練された文明の興起と繁栄が見られたのはけっして偶然ではない。この二つの地域において、封建制のもたらした各地方の自主的創造性と多様性は、文明の繁栄をもたらす活力の源となったことであろう。

このようにして、家康の政策がもたらした「象徴天皇制」の定着と封建制の完成によって、日本的システムはまさに日本という一国において自己完結された。その結果として、徳川三百年の平和と繁栄の時代が開かれ、世界的にも誇るべき日本文明がその全面開花期を迎えたわけである。そして現代にいたっても、このような日本的システムは依然として、日本という国の政治・社会的仕組みの骨格となっている。

そういう意味では、「西洋人」の信長や「シナ人」の秀吉ではなく、「日本人」の家康が最後の勝利を収めて徳川時代を開いたことは、まさに日本を日本たらしめた最大の歴史的契機であろう、と思えてならないのである。

もちろん、武士道の伝統を論じる本書の文脈においても、天下の争奪戦における家康の最終的勝利と、彼によって江戸時代という日本史上最長寿の武士政権の時代が開かれたことの意義はじつに大きい。もっとも日本人らしい武将の家康によって築き上げられた伝統重視の江戸時代において、日本の武士道は一つの文化的体系として確立されたと同時に、武士道の精神と気風がまさにこの時代において武士階層から一般の民衆にまで浸透して、日本人全体の精神構造の形成に大きな影響を与えたことは歴史の事実である。つまりこの江戸時代においてこそ、武士道は武士だけのものから日本人全体の武士道となったわけであるが、我慢・忍耐が強く重厚円熟の人格の持ち主である家康が天下を取って「江戸の御代」を開いたことは、まさに日本の武士道発達史上の特筆すべきことであろう。

そしてこの江戸の御代においてこそ、さまざまなタイプの個性溢れるような傑出した武士たちが現れてきて、日本の武士像と武士道精神はよりいっそう豊富多彩なものとなっていく。それら個性たっぷりの江戸武士の生き様や精神にスポットライトを当てて描くのが、本書の後半の仕事となるのである。

第五章

「制度化された武士道」とその守護神たち

◆大改革を断行した祖父と孫

本章の主人公となるのは、江戸幕府の八代将軍である徳川吉宗《とくがわよしむね》とその孫に当たる白河藩主の松平定信《まつだいらさだのぶ》である。徳川二百六十数年間の治世のなか、この二人は優れた為政者として「名君」の誉れが高く、江戸時代を代表するような武士政治家である。しかもこの二人は「江戸時代三大改革」のなかの二つである「享保改革」と「寛政改革」の指導者と実行者としても知られる。

祖父と孫の二代が同じ幕府政権のなかで大改革に取りかかったことは、日本史のなかでも珍しい現象であろう。彼らはいったい何のために大改革に情熱を燃やしたのか。それらの改革の歴史的意味はいったい何だったのだろうか。本章はまさにこういった問題への探求を主な内容とするものであるが、もちろんその際、「武士道精神」との関連性においてそれらの問題を論じてみるのが本書の基本的なスタンスである。したがって、武士の棟梁としての吉宗と武士政権の中枢を担った定信が断行したそれらの改革は、武士にとっていったいどのような意味をもつものなのか、それを問うのがまさに本章のテーマとなるわけである。

このテーマを展開する前にはまず、この二人の武士政治家の出自と生平（生涯）を簡単に記しておこう。

徳川吉宗は貞享元年（一六八四年）に和歌山藩主・徳川光貞《みつさだ》の四男として生まれた。元禄十年（一六九七年）越前国丹生《にう》郡に三万石を与えられたが、宝永二年（一七〇五年）に兄たちの相次ぐ急死により和歌山藩主となった。藩主在任中には質素倹約・財政安定などの藩政改革を推進。享保元年（一七一六年）将軍家継の死後、老中らに推されて将軍職に就任した。幕府政治の再建をめざす享保の改革を行い、在職三十年に及んだ。延享二年（一七四五年）将軍職を長男の家重《いえしげ》に譲り、西ノ丸に移って大御所として家重政治を支えた。死去したのは寛延四年の一七五一年である。

名君としての吉宗の業績として、のちに論じるところの大改革以外には、たとえば江戸町火消しを設置して火事対策を行なったことや、目安箱《めやすばこ》を設置して庶民の意見を政治に取り入れたことや、小石川養生所を設置して庶民の病気治療に当たらせたことなどはよく知られている。あるいは、改革の一環として幕府の財政を立て直していったなかで、吉宗はとくに米相場の安定に苦心していたがゆえに、のちに「米将軍」のあだ名をつけられていることも有名である。

本章のもう一人の主人公である松平定信は、祖父の吉宗死去の八年後の宝暦八年（一七五八年）に御三卿の田安徳川家の初代当主・徳川宗武《むねたけ》の七男として生まれた。長じてからは一時は一〇代将軍家治の世子になる見込みだったが、それが当時の幕府大老の田沼意次《たぬまおきつぐ》らに阻まれて、結果的に白河松平家（久松氏）に養子に出された。天明三年（一七八三年）家督を相続して白河藩主となった。その四年後には田沼意次の失脚に伴って老中首座に就任。祖父の吉宗の享保の改革を手本にして寛政の改革を行なった。しかし、改革が進む途中の寛政五年（一七九三年）に志半ばで大老職の辞職を余儀なくされた。国元の白河に戻ってからは、藩校立教館の充実をはかり、『白河風土記』の編纂にも着手し、一般庶民の教育機関・敷教舎の設置などの文教政策を進めた。

定信は優れた政治家であると同時に、当代一流の優れた歌人、国学者としても知られる。彼は『国本論』『物価論』などの政治論や経済論を著したほか、『楽亭筆記』などの文学集や、「よもぎ」「むぐら」「あさじ」の三冊からなる歌集『三草集』を残している。

彼が詠んだ歌の一首である「心あてに見し夕顔の花散りて尋ねぞ迷ふたそがれの宿」はあまりにも優れていたので、本人がのちに「たそがれの少将」と呼ばれるようになったことは有名な話である。

以上は、吉宗と定信の華麗なる出自と波乱に富んだ生平（生涯）の概略であるが、これからは彼らが一世一代の大事業として取り組んだ改革とはいったいどういうものかを見てみよう。

◆江戸システムと「制度化された武士道」

吉宗と定信が行なった幕政改革の意味を問うのに、まず改革が行われた時代的背景を見てみる必要がある。

改革が行われたのは、本書の前章の主人公の一人である徳川家康が築き上げた「幕藩体制」下の江戸時代である。そして幕政改革の対象となるのはいうまでもなく、幕藩体制下の経済・政治システムそのものである。ここでの幕藩体制とはどういうものかといえば、その最大の特徴の一つはすなわち「士農工商」という峻別された身分制度の確立であろう。江戸時代二百六十数年間を通して、この制度がほぼ厳格に実施され、武士の子は武士、農民の子は農民、という仕組みが完全に固定化している。

そのなかで、武士は武士らしく、農民は農民らしくその社会的義務と役割を果たすことが求められる。武士の場合、人口の五%を占める彼らが支配者階層となっているから、当然、社会全体をきちんと統治して治安の維持や民生の安定を計らなければならない。それと同時に、彼らは支配者階層として、本書の第二章で論述したところの「高貴なる者の義務」を背負って自分自身に厳しい政治倫理を課さなければならない。江戸時代に盛んになった儒教思想の表現からいえば、それはすなわち武士の主君にたいする「忠義」であり、民衆にたいする「仁政」であり、あるいは自分自身にたいする厳しい「修身」なのである。その一方、武士たちは自らの義務を果たしているかぎりにおいてはその身分は永久に保証されていて、一家の生活は「家禄米」の支給によって保障されている。

つまり江戸時代の武士は安定した身分と生活が保障される代わりに、支配者階層の一員(○○藩家中の者)としてさまざまな義務を負い、「武士」としてのしきたりやけじめを守り、武士らしく振る舞うことを求められているのである。

本書のテーマである「武士道の発達史」の視点からすれば、それはじつに重要なことである。つまりこの時代において、武士の基本である「武士道」は、もはや一部の武士が個人的な精神規範としてもつかもたないかのようなものではない。それは幕藩体制というしっかりとした制度のもとで、支配者階層としての武士階層全体に課せられた義務であり規範なのである。要するに江戸時代の武士道は、武士の身分の固定化に伴って、いわば「制度化された武士道」の一面をもつようになっている。

この「制度化された武士道」が完成されたのは、日本史上でいう「正徳《しょうとく》の治《ち》」が行われた六代将軍家宣《いえのぶ》と七代将軍家継《いえつぐ》の治世下であろうかと思う。そのとき、まさに「正徳の治」の一環として、将軍の政治顧問であり儒学者でもある新井《あらい》白石《はくせき》の手によって、改訂版の「武家諸法度（宝永令）」が制定された。それは、儒学の政治理念である「仁政」の実行を大きく掲げて、役人の心得を規定し、公権を利用して私利を図ったり、賄賂《わいろ》で私益を図ったりすることを厳しく禁じた内容だった。為政者である武士が道徳に則《のっと》り、自らの姿勢を正そうとする政治理念が明確なかたちで示されたのである。

そういう意味では、「宝永令」と呼ばれるこの改訂版の「武家諸法度」は、まさに「制度化された武士道」の明文化ともいうべきものである。この法令の制定をもって、「高貴なる者の義務」としての江戸時代の武士道はほぼ完成されたといってよいであろう。

このようにして、武士階層は安定した地位と身分をもつ代わりに、明文化されたかたちでの義務と倫理を課せられるというのが、江戸時代の統治システムの大きな特徴である。

そして、武士の身分を物質の面で支えているのは石高に応じた俸禄米の支給であるから、武士階層の身分と生活と幕藩体制を根底から支えているのは人口の大半を占める農民たちであることはいうまでもない。農民たちは年貢米を納めて武士を養うことになるが、その代わりに、「仁政」を施して農民たちが平和に暮らしていくための社会秩序や治安を維持していくのは武士の仕事となる。

つまり江戸時代の武士と農民は、「米」というこの時代の主要な農産物を介して互いに支え合う関係となっている。「武士」と「農民」と「米」。江戸時代の幕藩体制、あるいは「江戸システム」は、まさにこの三つの基本要素の上で成り立っているといってよい。そのなかで、武士は武士らしく「仁政」を行い、農民は農民らしく米の生産に励めば、社会全体がうまく運営されていくという仕組みである。

もちろん、「士農工商」からなる社会に、職人としての「工」も商人としての「商」も必要であるが、幕藩体制・江戸システムのグランドデザインにおいては、「工」も「商」もあくまでも補充的な役割であり、いわば「付録」としての存在でしかない。システムを構成する基本要素はやはり「士農工商」の上位にある「士」と「農」である。そして「士」と「農」がそれぞれの役割を十分に果たして「工」と「商」がそれを補足すれば、システム全体はうまく回っていくというのが、まさしく江戸システムのグランドデザインの基本思想であろう。

そして、この時代の武士階層の義務と倫理を規定するところの「制度化された武士道」は、まさにこのような江戸システムの上に成り立つものであり、このシステムがもつ「魂」の部分であるが、逆にいえば、「米」を介した武士と農民との関係を基本としたこのシステム自体に大きな歪みが生じてくれば、幕藩体制の維持だけでなく、「制度化された武士道」の存続も危機を迎えるのであろう。

◆商品経済の侵食と武士道存続の危機

そして、本章の主人公である吉宗と定信が改革を断行した背景にあったのは、まさに成立して百年も経った江戸システムのなかから大きな歪みが生じてきたことである。

それはじつは、貨幣経済の発達によってもたらされたものである。上述のように、理想的な幕藩体制はもともと「武士」と「農民」と「米」の三要素で成り立つものなので、本来なら貨幣というものが入ってくる余地はないはずだったが、実生活において貨幣はやはり交換手段として必要となってくる。町人や商人の場合はもちろんのこと、直接に知行地をもたない幕臣の武士たちは、支給された俸禄米を商人の手を通して換金して生活しているから、貨幣とは無縁な存在でもない。それで町人としての商人たちも、武士とその家族の生活と関わりをもったわけである。

そして日本史全体から見れば、戦国時代にはすでに商品の全国的流通システムができあがり、江戸時代にはそれがさらに発達してきた事情がある。とくに平和な世になって生産力が上がり物産がますます豊富になってくると、商人によって営まれる貨幣経済のますますの繁栄はもはや避けられない。吉宗が改革を断行する前の元禄期には、貨幣経済、あるいは商品経済というものはすでに社会の隅から隅まで浸透して日本全国を席巻していたことは日本史の常識である。

経済発展史の観点からそれをどう評価するかは別として、幕藩体制のシステム維持の点から見れば、商品経済の発達はじつにたいへん厄介な問題を引き起こしている。

上述のように、幕藩体制はもともと農民の生産した「米」の上で成り立つものである。幕府と各藩の財政は領地から上がってくる年貢米によって支えられ、武士たちの唯一の収入源はすなわち俸禄米である。そして、戦国時代の太閤検地に続く徳川初期の検地以来、石高で計算される幕藩の年貢米と武士の家禄米の量はほぼ固定化されていて、百年経っても増えないのが普通である。

しかしその一方、商品経済が発達して消費品の種類が増えて物価も上がっていくのにつれ、幕府や藩にとっての必要品調達の出費と武士たちにとっての生活維持の出費は徐々に増えていく。出費が増えるのに収入としての石高がいっこうに上がらないから、幕府の財政と武士の家計がますます苦しくなるのは必至の趨勢であろう。とくに元禄期の「バブル」が終わったころには、世の中の大名という大名、武士という武士がことごとく深刻な財政難に陥っていたことは歴史の事実である。

問題は別途にもある。商品経済が発達して商人や町人たちの所得が上がり生活も豊かになっていったなかで、世の中ではいわば消費ブームが起こり、贅沢を好む風潮が盛んになる。こうしたなかで、都市部の真ん中に住む武士たちも、とくに「花の大江戸」に住む幕臣の武士たちは徐々に町人たちの消費文化に染められて贅沢を求めるようになる。しかし石高としての収入はなかなか増えないから、贅沢に染まった武士たちは結局、商人からの借金に頼り、借金額をみだりに増やしていく。その結果、幕藩体制における武士と商人との力関係が逆転してしまい、上位に立つはずの武士は商人たちに頭が上がらないような状況が生じてくる。

「士農工商」の社会的秩序はそれで乱れてしまうのである。また、何らかの役職についた武士の一部は、手中の権力を盾に商人や町人から賄賂を受け取って贅沢するための原資に充て、そのためにはもちろん、贈賄側への見返りとして何かの便宜を計らなければならない。時代劇の「水戸黄門」の世界がまさにそこから生じてくるのである。

こういった現象の発生は当然、「武家諸法度」によって明文化されたところの「制度化された武士道」の形骸化と、武士たちの政治倫理の堕落を意味する。借金のために商人に頭が上がらない武士と、贅沢するために商人から賄賂を受け取る武士が増えてくると、武士階層の多くはやがてその「高貴なる者としての義務」と「武士らしさ」を忘れてしまい、ただの「金の亡者」に成り下がってしまう。元禄期後の武士社会には、こうなってしまうような危険性が現実に存在していたのである。

つまり、商品経済＝貨幣経済の発達によって、幕藩体制を支える武士政権の財政基盤と武士たちの生活基盤が大いに脅かされていたのと同時に、幕藩の政治と為政者としての武士たちの政治倫理そのものが廃れてしまうような危機に立たされたのである。

あるいは本書の問題意識からすればすなわち、江戸時代になって制度化されたところの武士道精神は、武士の身分が安定化したこの長期武士政権の時代において、商品経済という得体の知れない「毒物」に侵されて存続の危機に直面した、ということである。

以上のことがすなわち、本章の主人公である吉宗と定信が行なった大改革の歴史的背景なのである。

◆「倹約」をもって武士道の原点に立ち返る

上述の文脈から、まず将軍・吉宗の行なった「享保の改革」を見てみると、改革の着眼点はどこにあるかがはっきりと浮かび上がってくる。

吉宗の改革は綱紀の粛正、質素倹約の励行、武芸の奨励、目安箱の設置、公事方御定書の制定、足高《たしだか》の制、上米《あげまい》の制、相対済令《あいたいすましれい》、定免制の採用、新田の開発、新作物栽培の奨励などの多岐にわたるものであるが、財政政策の面から要約すればそれはすなわち、幕府の主な財源となる石高収入をできるだけ増やす一方、幕府の財政支出となる諸費用をできるだけ削ることの二つである。そのうち、たとえば各藩から幕府に一定の比率で年貢米を上納させる「上米の制」の制定や、年ごとの作物の豊凶に関係なく一定量の年貢米収入を確保するための定免制《じょうめん》の採用、あるいは新田の開発、新作物栽培の奨励などは前者に属するが、綱紀の粛正、質素倹約の励行などは後者に当たる。

それらの政策措置を講じることによって幕府の財政を立て直して、商人からの借金への依存から脱出しようとするのは、いうまでもなくこの一連の改革政策の主眼点であろう。

ここでは一々享保の改革の個々の政策措置を点検してみる必要性もなければ、そのための紙幅もないが、とくに注目して見る点がある。吉宗が推進している諸改革措置のなかで、彼自身が模範となって励行してその周知徹底に大変な力を入れているのは、すなわち「質素倹約の奨励」である点だ。

この政策の実施にあたって吉宗は自ら倹約に励み、家臣や領民の模範になってそれを見習わせた。そのために彼自身は派手な衣服をいっさい退《しりぞ》けて、木綿《もめん》の粗末な衣服を着つづけた。また、刀も金銀の派手な物ではなく、銅と鉄でつくられた実用的な物を身につけた。食事も白米ではなく玄米を食べ、魚肉をあまり食べず、おかず一皿とお吸い物一杯の一汁一菜を中心とした。

こうしたなかで、吉宗が大奥の簡素化をはかるために女官から美人だけを五〇名選んで解雇した話や、先代将軍の棺や江戸城の中門が「豪華すぎた」との理由でそれを容赦なく取り壊してしまった話などはいまでも美談として語り継がれているが、「倹約政策」の推進への吉宗の情熱は並々ならぬものであったことがよく分かる。

倹約政策の目的の一つは当然、幕府の歳出を減らして財政の立て直しをはかることにある。だが、吉宗のめざすところはそれだけではない。彼は自ら同時進行的に推進している数多くの財政立て直し策のなかで、質素倹約の実行に情熱を燃やしているのには他にもっと大事な理由があるはずであろう。おそらく吉宗は、たんなる財政立て直しの一手段として「質素倹約」を進めたのではなく、むしろ幕臣全体における「質素倹約」の励行それ自体を主な政策目標の一つにしていたのであろう。つまり吉宗は、たんに歳出を削りたいから自分自身と幕臣たちに倹約を求めたわけではないのである。

自分自身もあれほど神経質になって贅沢を排して質素倹約の生活に徹したところから見れば、吉宗にとっての質素倹約はただの「財政政策」程度のものではないことが分かる。彼はやはり、武士のもつべきライフスタイルとして、あるいは武士の生き方そのものとして、武士の棟梁の自分自身に「質素倹約」を厳しく課したのと同時に、すべての幕臣たちにも強く求めたのであろう。そのめざすところはすなわち、豪華贅沢を楽しむ商人や町人たちの享楽主義と一線を画して、自分自身を厳しく律することを原点とする武士の精神に立ち返ろうとすることであり、あるいは享楽の追求のなかで失われつつある武士階層の気風を取り戻そうとすることであろう。

そして本書の文脈からすれば、そのことの意味はすなわち、武士の棟梁としての吉宗は、商品経済発達のなかで徐々に廃れてきた武士道精神を武士らしさの回復をもって再建しようとしている、ということである。おそらくそれこそは、吉宗が厳しすぎるほどの倹約を自分自身と幕臣たちに課したことの真意であろう。

精神の再建との関連においては、武士による倹約の徹底はもう一つ重要な意味をもっている。武士たちが贅沢を徹底的に排して倹約に徹するのであれば、余計な嗜好品や贅沢品を買う必要もなくなるから、武士階層の人々は貨幣という「必要悪」にたいする自らの生活の依存度を大幅に下げることができる。その結果、武士たちは商人に借金する必要もなくなり、賄賂に手を染める必要性も低減する。そしてそのことは当然、支配者階層としての武士の政治倫理の回復にもつながる。武士道精神の重要なる一部である「高貴なる者の義務」はそれで保たれることになる。

つまり吉宗は、自分自身を含めた武士たちを「贅沢」と「享楽」から遠ざけることによって、商品経済のなかで成長してきた「貨幣」という名の怪物のもつ毒から、武士と武士政権の基本である武士道精神の純正性を守ろうとしているのである。そしてこうすることによって、廃れていく危険性のあった江戸武士の武士道の再興を計ろうとしているのである。

吉宗が武士道精神の再興にいかに腐心しているかは、彼による鷹狩りの復興などの「武芸奨励策」を見ればよく分かる。

吉宗は「鷹将軍」のあだ名で呼ばれるほど、とくに鷹狩りが好きである。江戸時代の初期では、幕府の創立者である家康や三代将軍の家光《いえみつ》が鷹狩りが好きで、それは一時盛んだったが、五代将軍の綱吉《つなよし》が例の「生類憐みの令」を出して以来、鷹狩りはずっと中断されていた。そして吉宗は将軍となってから直ちにその復興を命じた。吉宗自身は鷹狩りが好きでよくそれを楽しんでいたが、彼による鷹狩りの復興はたんに自分の趣味のためのものではない。吉宗はむしろ、鷹狩りを含めた武芸全体の奨励をもって、天下太平のなかで緩んできた「士風」を立て直そうとしている。

それは、享保十一年（一七二六年）三月二十四日に吉宗が下総《しもうさ》国小金原《こがねはら》で実施した「大巻狩り」を見れば、吉宗が鷹狩りを復興させたことの意味がよく分かる。この大巻狩りはかつて源頼朝が行なった「富士の巻狩り」をまねたものであるが、狩りが実施されたとき、吉宗はなんと二七七二名の幕臣を率いて現場に赴き、勢子《せこ》として動員された周辺の農民を含めて総勢一六万八〇〇〇人の参加となったという。

それほどの巨大規模の鷹狩りは、もはや吉宗の個人的趣味のレベルをはるかに超えたものであることはいうまでもない。それは実質上、鷹狩りの名を借りての大掛かりな軍事演習と見るべきであるが、戦争とかが迫ってきているから演習を行なったわけではけっしてない。万事において倹約の吉宗が、あえて出費のかかる大規模な大巻狩りを実施したことの理由は一つしかない。要するに吉宗は、大勢の幕臣たちをこの大巻狩りに参加させることによって武士であることへの彼らの自覚を促し、武芸復興の機運をつくりだして武士道への回帰を計ろうとしていたのであろう。この大巻狩りの実施が「武士の世」の始祖である源頼朝にならって企画されたことの意味もまさにここにあろう。

武士の原点に立ち返って武士道精神の回復をはかる。それこそが将軍・吉宗の政治理念と彼によって断行された享保の改革の最大の目的ではなかろうかと、筆者の私には思えてならないのである。

◆士道堕落の田沼時代と「撥乱反正」の寛政改革

　以上、江戸幕府の第八代将軍である徳川吉宗による享保の改革の概要とそのめざすところを見てきたが、享保改革が行われてから約半世紀後、吉宗の孫に当たる松平定信が祖父の遺志を受け継いで断行したのが寛政の改革である。

　寛政の改革が断行された時代的背景の一つにあるのは、吉宗が去ったあとの一〇代将軍家治《いえはる》の代から、享保改革の理念が徐々に風化して改革の諸政策がその効力を失ったことである。「時が経つと改革が風化する」というのは人類史上のあらゆる改革につきものの宿命ではあるが、享保改革の成果がそれほどの早さで失効した理由の一つはやはり、一〇代将軍家治の側近として約二十年間にわたって幕府の実権を握った田沼意次の政策である。いわば「田沼時代」と呼ばれるこの二十年間、彼の主導下において推進された幕府の諸政策は、吉宗の改革理念とは正反対の方向へと進んだのである。

　田沼意次が推進した諸政策の性格は一言でいえば、すなわち「重商主義」である。幕府の財政赤字解消のために、彼は幕藩体制の根本を支える農業以外に新しい財源を求めるべく商業重視の方針を打ち出した。そのなかで田沼意次はまず、特定の商品の販売を独占する商人・手工業者たちを「株仲間」として認めて特権を与え、その見返りとして「運上《うんじよう》金《きん》・冥加金《みようがきん》」という名の税金を商人たちから徴収した。そして商人の資本をもとに印旛《いんば》沼《ぬま》・手賀沼《てがぬま》の干拓事業を行なったり、朝鮮人参や銅を専売する「座」をつくって幕府自体が販売利益をあげたりした。いってみれば、幕府が特権的な商人たちと結託してもっぱら金儲けに走ったというのが、すなわち「田沼政策」の実態であるが、それらの政策が実施された結果、吉宗が享保の改革を行なったそのとき以上に、商品経済と「金の論理」が肥大化して幕藩体制の秩序を侵食し、武士たちの政治倫理を堕落させ世の中を乱していったのである。

たとえば「田沼時代」における賄賂の横行は、その実例の一つである。「ワイロ政治家」とも呼ばれた田沼意次自身がはたして汚職に手を染めていたかどうかは、いまや史学界の意見の分かれるところとなっているが、幕府自体が公然と商人たちと結託して金儲けに走っていたなかで、何らかの役職についている幕臣たちはわれ先にと競って賄賂にありつこうとしたのが、たしかにその時代の風潮であった。天明六年（一七八六年）十月、田沼意次が失脚して「田沼時代」が終焉したその直後に、御三卿の一橋治済《ひとつばしはるなり》が水戸の徳川治《はる》保《もり》に送った書簡のなかで、当時の社会的気風を評して、「近年、世上の風儀は乱れ、実義を失い、利欲のみが横行している。役人とて廉直《れんちょく》の風がなく、権威にへつらい、賄賂を受け取る有り様」と嘆いたのもけっして誇張ではない。それはある程度、「田沼時代」の世相そのものの実写であろう。

つまり、商品経済によって毒された武士道精神衰退の危機は、享保の改革のとき以上の深刻さをもって迫ってきたのである。

本章のもう一人の主人公である松平定信が歴史の大舞台に登場してきたのは、まさにそのときである。

田沼意次が失脚した翌年の天明七年（一七八七年）、定信は御三家の推薦を受けたかたちで幕府の老中首座に抜擢された。それ以来約六年間、老中首座の定信の主導下で享保の改革に次ぐ江戸時代の第二の改革が断行された。後世から「寛政の改革」と呼ばれる大改革であるが、定信改革のめざすところはいったい何であろうか。

定信には「撥乱反正《はつらんはんせい》の御像《みぞう》」と後世の人々によって名付けられた有名な自画像がある。いまでは彼を祭神としてまつる鎮国守国神社《ちんこくしゅこくじんじゃ》に保存されている。その名称の由来となるのは画軸の右上方に書かれている「撥乱而反正　賞善而罰悪」という自筆の賛であるが、こここでの「撥乱反正（乱を撥《おさ》めて正に反《かえ》す）」という中国古典から援用した言葉は、まさしく定信が行なった寛政の改革の趣旨そのものではないかと思う。

そう、「田沼時代」において「金の論理」の肥大化がもたらした秩序と武士道の乱れを糾《ただ》して、それを正しいもの、すなわち武士道政治の本来のものに戻していくというのが、まさに定信が推進した寛政の改革の狙いであろう。

◆棄捐令と倹約――武士の誇りをいかに取り戻すか

改革の断行にあたって、定信は一連の法令を発してそれを実施に移した。彼はまず株仲間の解散や後述の「棄捐令《きえんれい》」の実施を命じた。そうすることによって商業資本の膨張を抑えつけ、武士階層の商人への依存を断ち切ろうとした。その一方、農村から都市部へと流れ込む「流民」をふたたび農村に戻すための「旧里帰農令」を発して、幕藩体制の本来の経済基盤である農業の再建をめざした。それと同時に、定信はまた「倹約令」を発して倹約の励行を徹底的に行なって、武士の本来の生き方を取り戻そうとした。

そのなかで特筆すべきなのは、定信の「棄捐令」である。その内容とは何かというと、一口でいえば要するに、幕府は旗本や御家人などの武士たちを「借金地獄」から解放するために、彼らが「札差《ふださし》」と呼ばれる商人たちから借りた借金を、法令をもって帳消しにすることである。

「札差」とは、旗本や御家人が幕府から俸禄として支給される「蔵米《くらまい》」の販売を代行する商人たちのことである。その時代、旗本や御家人などの幕府直属の武士たちが幕府から支給される俸禄米を唯一の財源としていたことは前述のとおりだが、彼らの俸禄米はふだんは幕府の米蔵に保存されていて、「蔵米」と呼ばれる。そして旗本や御家人たちは、商人の手を通して俸禄の蔵米を市中の米問屋に売却して、それを現金収入に変えて生活するのが普通であるから、この蔵米換金の仲介役を担っているのは、すなわち「札差」と呼ばれる商人たちである。

つまり「札差」はもともと、蔵米の売買を仲介してそこから一定の手数料をとることを商売にしている存在だったが、時が経つにつれ、彼らの役割と立場に大きな変化が起きた。本章の前述にもあったように、商品経済が発達して物価が上がり、武士も商人たちの贅沢を好む風潮に染められていくと、旗本や御家人たちの家計はますます苦しくなっていった。そのなかで彼らは結局、支給される予定の俸禄米を担保にして札差から高利で借金することになった。そしていつの間にか、武士が札差から借金することが常態化してしまい、借金の額もどんどん増えていった。その結果、旗本や御家人のほとんどは商人たちの債務者となり、商人たちからの借金に頼り切って生活することになったのである。

こうなったら当然、「士農工商」という幕藩体制の秩序が実質上ひっくり返されてしまう。武士の債権者となった商人たちはますます増長して尊大となり、目を見張るような傲慢な態度で武士を上から見下ろす姿勢となった。一方の武士たちは、借金で首を押さえられたゆえに商人にたいして卑屈な態度をとることになり、武士としての誇りも矜持《きょうじ》も捨ててしまった。あるいは逆に、借金返済のために商人から盛んに賄賂を取ることになった。そこにはもはや「高貴なる者の義務」も何もない。あるのはただ武士の堕落と武士道の荒廃だけである。

定信のもとで大老の一人として寛政の改革に取り組んだ大垣藩主の戸田氏教《とだうじのり》は、そのときの状況を評して、「何を申すも年来の武家困窮にて、町家の豪富なるものの勢いを振い候《そうろう》故、廉恥・義気も衰え候事と、毎度ながら嘆息仕《つかまつ》り候」と嘆いたのはまさにそのとおりである。つまり幕臣の武士たちが商人たちへの借金に頼り切ったことの結果、武士にとって命よりも大事であるはずの「廉恥と義気」が衰えてしまい、武士道精神が崩壊の危機に瀕しているのである。

　定信はまさにこのような状況のもとで件《くだん》の「棄捐令」を発令して実行に移した。経済政策としてはたいへん乱暴であったこの法令は、「士農工商」の秩序の維持と衰えた武士道の救済の視点から見れば、むしろ問題の要害を的中した果敢な政策として評価できよう。この法令の断行によって武士の商人にたいする依存を断ち切って武士の誇りと矜持を取り戻さなければ、そして幕藩体制における武士の堕落が蔓延していく事態をそのまま放置していれば、それは確実に「制度化された武士道」の荒廃をもたらして、魂を失った幕藩体制の崩壊にもつながりかねない。

　棄捐令という荒療治を断行した定信にはやはり、なんとかして体制と武士道の崩壊を食い止めなければならない、との必死の思いがあったのであろう。

　そして、それと同じ思いのなかで、定信がとくに力を入れたもう一つの政策方針がすなわち倹約の徹底である。

　自伝の『宇下人言《うげのひとごと》』のなかで、「いにしえより治世の第一とするは花奢を退ける事」と述べたことからも分かるように、定信は一貫して「倹約」を政治の第一の要義としている。白河藩主の時代から彼はすでに倹約の励行をもって世に知られていたが、幕府の老中首座となって改革を始めると、政策方針としての倹約の貫徹はよりいっそう徹底的なものとなった。

そのために、彼が老中首座を務めた時代、その徹底した倹約政策が人々の失笑を買うようなエピソードをいくつも生んだ。たとえば江戸城内の食費が大幅に削減されたから、将軍の食膳まで貧相でまずい料理となったとか、あるいは将軍家斉《いえなり》第三子の誕生を祝う幕府の宴会が開かれたときに、定信自身の膳には半ば腐った鯛《たい》が乗っていたとか、江戸開府以来前代未聞の珍事が続々と起きた。

もちろん定信自身も従来から徹底した倹約を貫いていた。「身常に粗衣を着し、食膳常に一菜なり」というのは彼の一貫したライフスタイルとして知られる。当時、節分には鰯《いわし》の頭を飾る習慣があったが、定信の場合、鰯を食べたときに頭を取っておいてそれを飾って済ませたという。一国の大名にしては、なんという「吝嗇《りんしょく》ぶり」であろうか。

つまり定信は祖父の吉宗と同様、自ら率先して倹約を励行することによって、武士階層と天下万民に正しい生き方の見本を示そうとしているのである。

厳しい倹約の生活を自らに課していたのと同時に、定信はじつは自らの性欲の抑制にまで努めていた。定信が老年になって著した『修行録』という書物に、「色欲のこと人生凡情やむことなきといふは、皆欲にして、真の情にはなきもの也」と書いているが、それはまさに性欲にたいする彼の考えの集約であろう。要するに定信から見れば、人間には「凡情（性欲）」がつきものであるというのは、すべて欲から生じたもので、人間の真の情ではない。したがって「凡情（性欲）」というのはできるだけ抑制すべきものなのである。そのため、定信にとっては房事（セックス）は好んで求める享楽ではなく、たんなる義務でしかない。彼は自伝『宇下人言』のなかでも、「房事なども子孫を増やさんとおもへばこそ行ふ。かならずその情欲にたへがたきなどの事はおぼえ侍らず」と書いている。

白河藩主在任のとき、定信はかつて一度手をつけた女性を屋敷から召し放つ前に、その女性を呼び出して寝所をともにしながら、一晩をかけて嫁ぐための心得などを延々と教え諭《さと》した、との「逸話」もある。これは定信が情欲に耐えられるかという修行の目的で行なったことであるらしいが、彼はつねにこのような修行を行うことを心にかけている。

このようにして、定信という武士は徹底的な禁欲を自らに課していることがよく分かる。彼の励行した「禁欲」とは当然、「田沼時代」から顕著となった物欲の膨張と、それに伴う金の論理の横行にたいする定信流の批判と反撃であると理解すべきであろう。その並々ならぬ禁欲の背後にあったのはすなわち、金銭と享楽の侵食による武士道精神の崩壊をなんとか食い止めたいという必死の思いではなかろうか。倹約政策の遂行の場合と同様、定信は、自分の身をもって自制と自律を原点とする武士道精神の模範を示し、幕臣の武士たちにおいてこの精神の回復を計ろうとしているのである。

◆貨幣経済から武士道を守る闘い

以上では、江戸時代の中期において、将軍吉宗と老中の定信の、祖父・孫の二代にわたる改革の歴史の概要を見てみた。この改革の歴史とはすなわち、金の論理と享楽の風潮の侵食から、幕藩体制と武士道精神を守ろうとするための闘いの連続であると理解できよう。そのなかで、吉宗と定信が闘った相手は奢侈《しゃし》であり、商人であり、あるいは人間の欲望の膨張そのものであるが、それらのものの背後にあるのは貨幣経済の発達であることはいうまでもない。つまり吉宗と定信の改革はひと言でいえば、要するに「貨幣経済」という得体の知れない怪物に呑み込まれるような危険性から、江戸システムとしての幕藩体制とその上で成り立つ「制度化された武士道」を守るための弛《たゆ》まぬ努力なのである。

祖父と孫の二代にわたって彼らが同じような闘いと努力を行わなければならない背景に

は、やはり江戸システム、すなわち幕藩体制の抱える根本的な矛盾がある。前述のように、江戸システムのグランドデザインにおいては、「士農工商」の幕藩体制は武士と農民と米の三要素の上に成り立つものである。そのなかで、武士は武士らしく振る舞ってその「高貴なる者としての義務」を果たし、農民は農民らしく労働して米の生産に励んでいれば、社会システム全体がそれで完結して円滑に運営されていくはずである。

しかし、一種の理想型としてデザインされたこのシステムは、実生活のなかで運営されていくと、やがて大きな変貌が起きてくる。本来ならシステムにとって不要であるはずの貨幣経済が徐々に台頭してきて町人社会を支配してしまい、武士社会をも侵食してしまうことになる。その結果、幕藩体制の根本である「士農工商」の秩序と体制の精神的要である武士道が大いに乱れてしまったというのは前述のとおりである。

吉宗と定信の改革は、そういう意味では、まさに貨幣経済の論理を退けて「士農工商」の江戸システムを維持するための政治的努力であると理解できようが、問題は、それらの改革は一時的な問題解決につながることがあっても、システム自体の抱える根本的な矛盾の解消にはならないことである。つまり、倹約政策や棄捐令や帰農令などの政策措置を講じて貨幣経済のあまりにもの膨張をなんとか抑えつけることができたとしても、貨幣経済、あるいは商品経済そのものを排除できないかぎり、それによる幕藩体制の侵食を防ぐことは基本的に不可能なのである。もちろん、貨幣経済を撲滅するようなことは、たとえ将軍であっても老中首座であっても、それができるわけもないから、結果的に、貨幣経済が幕藩体制と武士道を侵食してそれを荒廃させていくような事態の進行は、宿命的に不可避なのである。

まさにそれがゆえに、祖父の吉宗に続いて孫の定信は同じような改革を断行しなければならない羽目になっていたが、大成功といわれる吉宗の改革でも、その死後において徐々に風化した。そして「田沼時代」になると、あたかも往時の享保の改革を嘲笑《あざわら》っているかのように、「金の論理」がいっそうの猛威を振るってきたことは前述のとおりである。そして定信の改革に至ると、わずか六年間で挫折してしまい、その後における体制の衰退と武士の堕落は旧態依然である。

そういう意味では、グランドデザインにおいて貨幣経済を無視しながら、実際の社会生活においてはそれを排除できない幕藩体制そのものが、自らの抱える大きな矛盾のゆえにつねに商品経済と貨幣によって脅かされる宿命なのである。そしてその結果、この体制の上で成り立つ江戸時代の「制度化された武士道」も、つねに金の論理によって侵食され毒される危険性にさらされている。

吉宗と定信の改革は、貨幣と商品経済の論理（すなわち商人の論理）にたいする武士階層と武士道精神からの反撃であるが、商品経済を徹底的に排除できない以上、このような反撃が成功する試しもない。必死になって幕藩体制と武士道を守ろうとする吉宗と定信の姿は、まさに勝つ見込みのない絶望的な闘いに挑む悲劇の勇士のそれであろう。

もちろん、勝つ見込みがなくても闘うべきときは命をかけて闘うというのは武士の本来の姿、武士道精神そのものの真髄であるから、改革に挑んだ吉宗と定信もまた武士のなかの武士であり、武士道精神の具現者と称すべきであろう。そして彼らの行なった改革が結果的に失敗に帰したとしても、改革のなかで現れた本物の武士道精神そのものの輝きは、その時代を照らす大きな光となっていたはずである。

彼らの改革が失敗に終わった結果、江戸時代の後期になると、幕藩体制は衰退の一途を辿り、「制度化された武士道精神」もますます廃《すた》れていった。しかしそれでも、義経から始まって大楠公において完成した日本の武士道精神そのものは、改革者の吉宗や定信、あるいは彼らとまったく逆の立場から驚天動地の「義挙」を行なった元禄期の赤穂浪士たち、本書の次の章の主人公である大塩平八郎《おおしおへいはちろう》などを経由して、日本史上稀有の天下太平の世においてもその命脈を保っていたのである。

そして幕末になると、「花の大江戸」のなかで商品経済の毒素に浸りきって武士道精神のかけらも見られなくなった御家人や旗本の堕落とは裏腹に、薩摩や土佐や長州などの「辺鄙《へんぴ》の地」から、商品経済や享楽とは縁の薄い下級武士たちが、まさに体制の反逆者としていっせいに立ち上がった。そして彼らのなかからこそ、本物の日本武士が輩出して、日本の武士道精神を輝かせたことはじつに興味深い歴史的現象である。

つまり、改革が失敗したあとに、幕藩体制そのものが腐りきって「制度化された武士道」が廃れていくなかで、本物の武士道精神はむしろ体制のなかでもっとも疎外されていた下級武士によって担われた。そして、この本物の武士道精神は、まさに彼ら下級武士の反体制運動において日本史上最大の輝きを放ってみせたのである。

第六章

反逆者としての江戸武士

大塩平八郎と大坂の乱

◆大塩平八郎の生平と人物像

本章の主人公は、江戸時代後期の大坂で有名な「大塩平八郎の乱」を起こした大塩平八郎その人である。

幕府の出先機関である大坂奉行所の役人経験者でありながら、幕府の権力そのものに弓を引いて反体制的「暴動」を引き起こした彼は、いったいどういう人物なのか。大塩平八郎はいったいどうして自らの出身母体である体制にたいして決死の闘いを挑んだのか。それを探求してみるのが本章の仕事であるが、いつものように、こういった探求を通して日本の武士道精神の本質とその系譜を明らかにしようとするのが本来のテーマである。

それではまず、大塩平八郎の生平（生涯）と事績を簡単に見てみよう。

大塩平八郎は江戸後期において、幕府直轄の商業都市である大坂の東町奉行所で与力や吟味役を務めた中堅役人である。名は正高、のち後素、字は子起、通称は平八郎である。

平八郎は寛政五年（一七九三年）に大坂天満の与力邸で父敬高、母大西氏の子に生まれた。幼くして父母を失い、祖父に育てられる。平八郎の父も祖父も、家職として奉行所の与力《よりき》を務めていた。「与力」とはいまでいう警察機構の中堅で、行政のトップである「奉行」の下で部下の「同心」たちを指揮して治安の維持に当たる立場である。平八郎の父に至るまで、大塩家はすでに八代にわたってこの家職を続けたから、平八郎は生まれながらにしてこの職を継ぐ運命である。こうして文化三年（一八〇六年）、わずか十三歳の平八郎は「与力見習い」として東町奉行所に出仕して役人となる。二十五歳のときには正式に与力となる。翌年には吟味役（裁判官）となり、裁定に鋭い手腕を発揮した。そして天保元年（一八三〇年）に三十八歳で退職するまで職務に精励して役人としての多くの業績を残し、名与力と評された。

その奉行所勤めの時代、平八郎は清廉潔白な役人として知られ、奉行所内の不正を次々と暴いた。とくに西町奉行同心である弓削新左衛門《ゆげしんざえもん》の汚職事件では、内部告発を行い、その辣腕ぶりは市民の尊敬を集めた。

一方、学問に励み陽明学を修めたが、その師については不詳であり、おそらく独学であったかと思われる。文政七年（一八二四年）に高名な儒学者である頼山陽《らいさんよう》とも知り合い、山陽は平八郎のことを「小陽明」と高く評価した。与力の在任中、平八郎三十二歳のとき、私塾の「洗心洞」を大坂天満の自宅に開いた。そして三十八歳のときに役職を辞して隠居生活に入ってから、平八郎は「洗心洞」を拠点にして学問の研鑽《けんさん》と教授に専念した。そこで彼は、奉行所の与力や同心、あるいは大坂近辺の農民の子弟を弟子にして陽明学を教えるかたわら、『古本大学刮目』『洗心洞劄記』『儒門空虚聚語』などの儒教関係の書籍を著した。大塩平八郎の思想は、陽明学の基本とされる「知行合一《ちこうごういつ》」を中核とし、実行と実践を何よりも重んじている。

そして天保七年（一八三六年）、江戸時代の三大飢饉の一つといわれる「天保の大飢饉」がもっとも深刻な状況となったとき、すでに引退した平八郎は災民を救うべく、東町奉行の跡部《あとべ》山城守良弼《よしすけ》にしばしば対策を建言するが、そのつど却下された。当時の大坂豪商の鴻池善右衛門《こうのいけぜんえもん》にたいして、「貧困に苦しむ者たちに米を買い与えるため、自分と門人の禄米を担保に一万両を貸してほしい」と持ちかけたが、それも断られた。万策尽きた平八郎は翌八年二月、災民救済のため自分の蔵書を全部売り払って六二〇両余の資金を手に入れ、それを全部大坂近辺の災民たちに寄付したが、そのときの彼は、すでに乱を起こす意を決していた。この年の二月十九日、大塩平八郎はついに家塾の弟子や大坂周辺の農民たちを率いて蜂起した。しかし、それは幕府軍の手によってわずか一日で鎮圧された。平八郎は姿を消して市内に潜伏したが、約四十日後、大坂市中油掛町《あぶらかけ》の美吉屋にて捕吏《ほり》に迫られて自焼自決した。

以上は大塩平八郎の生平（生涯）と乱を起こす経緯であるが、彼はいったいどのような志と思いを抱いて、このような驚天動地の乱を起こすに至ったのか。以下では、本書のテーマである武士道精神との関連性において、これを解いていこうとする。

◆大塩平八郎の乱はこうして起きた

大塩平八郎の起こした乱は、考えてみればじつに不思議なものである。その不思議さはまず平八郎の出自からくる。前述において紹介したように、彼はもともと、大坂の東町奉行所で中堅官吏として二十五年間も務めたバリバリの役人である。しかも、平八郎からさかのぼって祖先の九代前から同じ奉行所で与力を務めていたから、彼の家系はいわば先祖累代、役人の家系なのである。そういう意味では、平八郎の起こした乱はまさに自らの家系を裏切って自らの出身母体を攻撃の対象にした反乱であり、いわば体制のなかから出た人の反体制なのである。

もう一つ不思議なことは、この反乱はどう考えても、勝つ見込みの上で起こされたものではないことだ。乱を起こすにあたって、平八郎は一応それなりの準備も整えていた。しかし幕府の直轄下の大坂の地で、わずか二〇名程度の弟子や門人を率いて幕府の軍勢と対決するこの反乱は、最初から勝つ見込みのないものであることは明らかだ。役人経験者の平八郎自身が誰よりもそれがよく分かっていたはずだ。実際、反乱がわずか一日であっさりと鎮圧されたのは前述のとおりである。負けるべくして負けた蜂起なのだ。にもかかわらず、平八郎はやはり反乱を起こした。名声も富も手に入れている元与力の「楽隠居」の立場を放棄して、自分の家系を裏切ることまでして、けっして勝つ見込みのない反乱をあえて起こして、そして散っていったのである。

それはいったい、何のための反乱だったのか。

それを探るためにはまず、「大塩平八郎の乱」と呼ばれるこの反乱の経緯をもうちょっと詳しく見てみよう。

反乱が起きたのは天保八年（一八三七年）であったが、その直接の原因となったのは前年の天保七年までに起きた「天保の大飢饉」である。飢饉が日本中に広がっているなかで、「天下の台所」と呼ばれる大坂でも深刻な米不足が起こり、貧困層の町人からも餓死者が続出した。しかし、このような状況であるにもかかわらず、大坂東町奉行の跡部山城守良弼は大坂の窮状を省みず、現地から調達した米を新将軍徳川家慶《いえよし》就任の儀式のために江戸へ廻送していた。

こうしたなかで、平八郎は災民を救うべく、東町奉行の跡部良弼にしばしば対策を建言するが、そのつど却下されたし、大坂豪商の鴻池善右衛門に救済策の相談を持ちかけてもそれが断られた。役所にたいする平八郎の反発がますます強まり、利を求めてさらに米の買い占めを図っていた豪商にたいしても大きな憤りが募った。

こうして平八郎は、いよいよ武装蜂起の決意を固めた。そのために家財を全部売却して、家族も離縁した。「一揆の際の制圧のため」と称して私塾の師弟に軍事訓練も施した。その一方、豪商らに対して天誅《てんちゅう》を加えるべしとする内容の檄文《げきぶん》を作成して、自分の門下生と近郷の農民に回し、金一朱と交換できる施行札《しこうふだ》を大坂市中と近在の村に配布して、決起への幅広い参加を呼びかけた。

決起の直前には、平八郎はまた、役人の汚職を訴える手紙を書き上げ、これを江戸の幕閣に送っている。新任の西町奉行堀利堅《ほりとしかた》が東町奉行の跡部に挨拶に来る二月十九日を決起の日と決め、同日に両者を襲撃する計画を立てた。

ところが、決起直前になってグループのなかから内通者が出てしまい、計画は奉行所に察知されてしまった。西町奉行の堀と東町奉行の跡部を一挙に成敗する計画は完全に頓挫したまま、この年の二月十九の朝、平八郎は二〇名程度の門人や弟子を率いて決起した。

彼らはまず、大塩家の屋敷に放火してから、その向かい屋敷の東町奉行所与力である朝岡助之丞宅へ大砲を撃ち込んだ。

現在の大阪市北区天満橋の大塩邸を発った大塩一党は、難波橋を渡って船場に入った。そこから彼らは、今橋筋では鴻池善右衛門などの鴻池一党の屋敷を、高麗橋筋では三井呉服店を襲ったり、内平野町では米屋平右衛門などの米屋に炮烙玉《ほうろくだま》を投げ込んだりして、大坂中の豪商たちをかたっぱしから襲撃した。

その後、平八郎の手勢は近郷の農民と引っ張り込まれた大坂町民とで一時総勢三〇〇人ほどの勢力となったが、大砲などで装備した幕府軍が出動して鎮圧すると、平八郎勢は直ちに敗退して瓦解してしまった。「大塩平八郎の乱」のあっけない結末であった。

以上は平八郎の起こした「一日の反乱」の前後の経緯であるが、大飢饉が大坂とその周辺の人々を苦しめているなかで、大坂の米を江戸へと廻送した役所と、米の買い占めを行なった豪商たちにたいする憤りと反発は、平八郎を勝つ見込みのない反乱に追い立てた直接の原因であることがよく分かる。実際、反乱を起こしたなかで、平八郎一党が大砲を撃ち込んだり放火の対象にしたりしたのは、まさに奉行所の役人と豪商たちの屋敷である。

つまり大塩平八郎の反乱は、幕府の出先機関である奉行所の悪政と、それと結託した大坂商人たちの悪行にたいする反発から起こしたものであり、幕府の権力と悪徳の商人勢力こそが、その反乱の対象なのだ。

この点は、平八郎がその蜂起の趣旨を明らかにするために作成した「檄文」を見ればよく分かる。

◆「檄文」に見る平八郎の憎しみと義憤

檄文はまず、二百四、五十年も続いた幕府の政治そのものを批判の対象にしている。曰く、

「茲《ここ》二百四五十年の間太平がつゞき、上流の者は追々驕奢《きようしや》を極めるやうになり、大切の政事に携はつてゐる役人共も公然賄賂を授受して贈り或は貰ひ、又奥向女中の因縁にすがつて道徳も仁義も知らない身分でありながら、立身出世して重い役に上り、一人一家の生活を肥やす工夫のみに智を働かし、その領分、知行所の民百姓共には過分の用金を申付《もうし》け

る。これ迄《まで》年貢諸役の甚《はなは》しさに苦しんでゐた上に右のやうな無体の儀を申渡すので追々入用がかさんできて天下の民は困窮するやうに成つた。かくして人々が上を怨まないものが一人もないやうに成り行かうとも、詮方のない事で、江戸を始め諸国一同右の有様に陥つたのである」(『大日本思想全集』第一六巻、昭和六年、先進社内同刊行会)

このように、檄文は幕府の賄賂政治や大奥政治から年貢の過度収奪まで、いわば幕府の政治全般にたいして痛烈な批判を浴びせている。そういう意味では、平八郎の起こした反乱は、たんなる大坂奉行所にたいするものというよりも、むしろ幕府の政治全体、あるいは体制そのものにたいする反乱であると理解できよう。

そのなかで、幕府の役人たちが「一人一家の生活を肥やす工夫のみに智を働か」すことにたいする彼の批判はとくに注目したい。要するに平八郎は、幕府の役人たちは武士としての「高貴なる者の義務」を忘れて、ただ「一人一家」の私利のために政治を行なっていることにたいして強い義憤を感じているわけである。後述において論説していくように、じつはここにおいてこそ、平八郎の思想の根幹とその起こした反乱の大きな意味があるのではないかと思う。

痛烈な幕府批判を展開したあと、檄文は今度は、返す刀で大坂の豪商たちを激しく非難する。

「且《かつ》三都の内、大坂の金持共、年来諸大名へ貸付候利徳の金銀 並《ならびに》 扶持米を莫大に掠取《かすめとり》、未曾有之有福に暮し、町人の身を以《もつて》、大名の家へ用人格等に被取用《とりもちいられ》、又は自己の田畑新田等を夥敷《おびただしく》所持、何に不足なく暮し、此節の天災天罰を見ながら、畏《おそれ》も不致《いたさず》、餓死の貧人乞食を敢《あえ》て不救《すくわず》、其身は膏粱《こうりよう》の味とて、結構の物を食ひ、妾宅等へ入込、我は揚尾茶屋へ大名の家来を誘引参り、高価の酒を湯水を呑《のむ》も同様にいたし、此の難渋の時節に絹服をまとひ候かわら者を妓女と共に迎ひ、平生同様に遊楽に耽《ひたり》候は、何等の事哉！」（前掲書）

この行の文章を読むと、平八郎の商人たちにたいする憎悪と憤りは、まさに骨髄に徹するものであることがよく分かる。諸大名に金を貸すことで「扶持米」を掠取する一方、大名の「用人格」を気取ったりして、飢饉のなかで貧乏人たちが餓死するのを横目にして己の欲望に溺れて贅沢三昧に耽る彼ら大坂商人の姿は、平八郎の目にはまさに許しがたい極悪人として映っているのであろう。

したがって檄文は、「此度《このたび》有志のものと申し合せて、下民を苦しめる諸役人を先づ誅伐《ちゆうばつ》し、続いて驕りに耽つてゐる大坂市中の金持共を誅戮《ちゆうりく》に及ぶことにした」といって、民衆を苦しめた役人と悪徳の商人たちにたいする容赦のない誅殺を宣言したのである。

そしてまさにそれがために、大塩平八郎は数十年の役所勤めから得た自分の名誉ある地位と「楽隠居」の生活を放り投げて、先祖代々の屋敷を一炬《いちろ》に付して自らの家系を裏切るまでして、勝つ見込みのない「万歳突撃式」の反乱に打って出た。

かつての同僚であったはずの役人や自分の住む町の商人たちにたいして、平八郎の抱く憎しみと義憤がいかに凄まじいものであるかがよく分かるが、その背後にはいったい何があるのだろうか。

平八郎の汚職役人と悪徳商人にたいする義憤を生んだ歴史的背景を考えると、彼が大坂育ちの武士で、大坂で役人経験を積んだ点にまず注目したい。というのも、江戸時代を通して、この大坂こそは、日本全体でもっとも繁栄した商人の町だったからである。

その時代、幕府と各藩に納まった年貢米のほとんどはこの町で集散して売買されていたから、大坂はずっと日本列島の商品経済の中心部でありつづけた。そこから生まれたのが、平八郎の襲撃対象ともなった鴻池家などによって代表される大坂の豪商の存在である。「大坂の豪商」といっても、彼らはもはや大坂だけの商人ではない。むしろ大坂という商品経済の「本丸」を押さえて日本全体の経済の命脈を握っている「日本の豪商」なのである。

そして、江戸時代全体を通しての幕藩体制の慢性的な財政難のなかで、幕府や天下の大名たちはこぞって彼ら大坂商人から借金することになっている。財政のとくに苦しい小藩はもとより、たとえば仙台藩や薩摩藩などの「雄藩」までが大坂商人からの借金に頼って財政を成り立たせているありさまである。その結果、いわば大大名と呼ばれる雄藩の諸侯たちまでが、彼ら大坂商人に平身低頭しなければならない状況となっている。

同時代で活躍した儒学者の海保青陵《かいほせいりよう》は、著作の『升小談《ますしようだん》』のなかで、大坂豪商の升屋平右衛門と仙台藩との関係について、「仙台の身上を丸きり升平が預かれば、升平はすなわち仙台なり」と評しているのもけっして誇張ではないだろう。大坂の一商家は、六二万石の天下の大藩である仙台藩とその家中の武士たちの死命を左右するほどの力を手に入れているのである。

このような状況となると、天下はもはや武士の天下ではなくなって、むしろ商人の天下となってしまった。「士農工商」の幕藩体制の秩序が完全にひっくり返されているのである。そして商人たちがわが世の春を謳歌して贅沢三昧の生活を送っているなかで、武士たちもその奢侈の風潮に染められて享楽を貪るようになり、その資金調達のために収賄と汚職に走ってしまう。

とくに平八郎が生きたその時代、将軍家斉《いえなり》の寵愛をほしいままにした老中水野忠成《みずのただあきら》を頂点にして賄賂政治が横行し、本書の前章で取り上げた「田沼時代」をしのぐほどのものがあった。「立身昇進丸　大包金百両　中包金五十両　小包金十両」との有名な落首は、まさに当時の官界の堕落しきった風潮の実写であろう。

このような腐敗・堕落の風潮は当然、商品経済の中心地の大坂ではとくに顕著であったことはいうまでもない。裕福な商人たちに囲まれて仕事している大坂の奉行所の役人たち、すなわち平八郎のかつての同僚たちの大半は、いわば汚職政治の泥沼のなかにどっぷりと浸かっている。平八郎自身も同僚たちのことを「天下国家に志無之、官路之人々多くは利之一字心腸迄透徹」と評しているのは道理であろう。

こうして見ると、大塩平八郎を反乱へと追い立てた義憤と憎しみの背景にあるのは、まさに彼の生きた江戸時代後期において顕著となった悪徳商人の増長（すなわち「金の論理」の増長）と、為政者である武士階層における政治倫理の堕落の二つであろう。だからこそ、彼は蜂起の檄文において、「役人」と「商人」の誅殺を堂々と宣言した。

◆「金の論理」の横行はやはり武士の敵

以上は、江戸時代の後期において、とくに時の商業の町・大坂において、「金の論理」の横行とそれによって毒された幕府の政治倫理の堕落が、大塩平八郎が乱を起こした時代的背景であることを論じたが、よく考えてみれば、それらの現象はべつに江戸時代の後期になってから生じてきたものではなく、むしろそれ以前からあったものだ。そう、本書の前章で取り上げた江戸中期の元禄時代や「田沼時代」において、商人の増長や賄賂政治の横行はすでに目を見張るほどの深刻さを増していた。そしてまさにそれがゆえに、八代将軍の吉宗とその孫の定信が歴史に残る大改革を断行したわけである。

こうして見ると、吉宗と定信の改革が解決しようとした問題と、後世の大塩平八郎を捨て身の反乱に追い立てた現実とは、まったく一脈相承の関係であることがよく分かる。幕藩体制の頂点に立つ吉宗と定信が、商人の世界の「金の論理」の膨張を抑制しようとして、そして商人世界の奢侈の風潮に染められて政治倫理の堕落した幕臣たちを武士の正しい姿に戻そうとして腐心の改革を行なったことは前章で論述したとおりであるが、定信の寛政の改革からちょうど五十年後の天保八年（一八三七年）、幕府の一中堅役人である大塩平八郎が今度は腐りきった商人たちと堕落のどん底にある幕府の役人たちを目の敵《かたき》にして決死の反乱を起こしたのである。

改革を行なった吉宗と定信、そして反乱を起こした平八郎。その三人は生きた時代も問題解決の手法も身分社会のなかでの立場もそれぞれ違っていたが、三人の直面する現実とその現実をなんとか打開したい思いはまったく同じものであり、彼らの敵となるものはじつは同一である。

この敵とはすなわち、悪徳商人と汚職役人の背後にある貨幣経済の広がりと、そこから生まれる「金の論理」である。幕藩体制成立の日から、「士農工商」の秩序と武士道精神の存立を根底から脅《おびや》かしてきたのは、まさにこの貨幣経済の膨張であり、「金の論理」の横行である。吉宗も定信もそして本章の主人公の平八郎も、この同じ敵を相手に闘いを挑んだわけである。

吉宗の改革から数えれば約百数十年間にわたって、この三人ともが同じ「敵」と闘わなければならないことに、幕藩体制の抱える根本的矛盾の深刻さがうかがえる。そして吉宗と定信が体制内での改革を通してなんとか商品経済の論理を押さえつけようとしたのにたいし、大塩平八郎の場合となると、彼はもはや、体制そのものにたいする反乱をもって「金の論理」への反撃を断行しなければならなかった。その大きいな違いには、時代の変化というものが感じられる。

つまり吉宗と定信から時が下って大塩平八郎の時代となると、問題はむしろよりいっそう深刻化しているのである。吉宗と定信が闘いの相手にした貨幣経済という名の怪物は、平八郎の生きた江戸後期になるとますます肥大化し増長して、やがて幕藩体制がコントロールできる範囲をはるかに超える存在となってしまった。そのとき、平八郎のような一地方役人はもとより、将軍も幕府もこの怪物の横行を目の前にしてはもはやなす術もなく、ただひたすらそれに呑み込まれていくことに身を任せているのが世の中の実情であったろう。

そういう意味では、勝つ見込みのない反乱に打って出た平八郎の蜂起は、まさにこのような絶望的な現実にたいする捨て身の「万歳突撃」以外の何ものでもない。彼は自らの命まで捨てて現実にたいして決死の抵抗を試みたが、その現実を変えることは当然できない。彼のできたことはせいぜい、鴻池などの豪商たちの屋敷を一炬に付する程度のことである。

逆にいえばすなわち、そのときの幕藩体制はすでに貨幣経済の論理によって完全に侵食されていて、自浄する能力を失って末期症状を呈していたから、あとにやってくるのはもはや革命でしかなかった。平八郎が散ったわずか三十一年後の慶応四年（一八六八年）、江戸城の無血開城をもって幕藩体制が正式にその終焉を迎えたのは、歴史書の記述するとおりの事実である。

◆清廉潔白を貫いて守ろうとするもの

以上では、大塩平八郎が乱を起こした時代的背景を探ってみた。彼の生きた江戸時代の後期、「金の論理」が制御不可能なところまで肥大化して幕府の武士政権を侵食しきったなか、こうした「金の論理」によって動かされた商人たちの悪行と幕府の悪政にたいする強い憎しみと義憤こそが、彼を反体制の反乱へと追い立てた最大の理由であることが分かる。

問題は、このような汚濁の時代において、幕府の政治を担当している役人が数多くいたなかで、どうしてこの大塩平八郎だけが絶望的な状況に我慢できずに捨て身の抵抗を試みたのか。「金の論理」と幕府の悪政にたいする彼の強い憎しみと義憤は、その個人レベルにおいてはいったいどこから生じてきたものなのか。

じつは、反乱を起こすはるか前の役所勤めの時代を通じて、平八郎は役所のなかでの「金の論理」の横行にたいしては一貫して反感をもち、それとは徹底的に一線を画していることがよく知られる。そのときの大坂の奉行所の役人たちは、周りの町人や商人たちとのなれ合いのなかで彼らから若干の金品を受け取るのはすでに日常茶飯事となっており、一種の既得権として定着していた。しかし平八郎は一貫して自分自身を厳しく律して、このような風潮にはいっさい染まらなかった。

たとえば与力勤務中の平八郎について、次のような話が伝わっている。御池通四丁目の播磨屋利八《はりまやりはち》という町人が、平八郎の留守中に肴《さかな》をもってきて「献上」したが、帰ってきた平八郎は受け取らずに、手紙の一通を付してそれを町年寄《まちどしより》に返したという。奉行から小役人の面々までが町人たちからの賄賂を当然のごとく堂々と受け取る風潮のなかで、身の潔白を保とうとする平八郎の行動はまさに「潔癖」ともいうべきほどに徹底したものである。

実際、彼が与力を務めたときから、その清廉潔白ぶりはすでに天下の知るところとなっている。たとえば平八郎と交遊のある高名な儒学者の頼山陽は、彼のことを評して、「子起（平八郎の字《あざな》）を見るに、その敏においてせずにして、その廉においてす」といっているし、当時の浪華文壇の重鎮である篠崎小竹《しのざきしょうちく》もまた「子起は廉潔吏なり」と賞賛している。

そして、平八郎自身が清廉潔白を貫いたからこそ、彼はその与力在任中に奉行所内の汚職をいくつも暴くこともできた。そういう意味では、平八郎自身の清廉潔白と賄賂政治にたいする彼の義憤はまさに表裏一体の関係であるが、身の回りの同僚の役人たちが腐敗構造のなかに安住してたっぷりと「金の論理」に染められているなかで、どうして大塩平八郎だけは身の潔白を保つことができたのだろうか。

この問題への答えはじつは、大塩平八郎の出自と大いに関係があると思う。平八郎の家系は先祖累代、大坂の奉行所の与力務めであることは前述のとおりだが、当時の奉行所の役人は全員武家の出身で、与力を家職として奉じた大塩家もれっきとした武家なのである。つまり、歴史的には大坂奉行所の一役人、あるいは陽明学者として知られる大塩平八郎は、じつは江戸時代の武士の一人なのである。

そして彼は生前、自分が由緒正しい家系の出自の武士であることを誰よりも強く意識しているのである。

平八郎は天保四年（一八三三年）、ようやく完成した自分の主著の『洗心洞箚記』を当時の儒学界の大御所である佐藤一斎《さとういっさい》に贈呈したとき、自分の生平（生涯）と思想の遍歴を記した一通の手紙を一緒に送ったが、そのなかで平八郎は、大塩家の由来について次のように記している。

曰く、大塩家の先祖はもともと駿河の今川氏の臣下で、その一族であった。今川氏滅亡ののち、徳川家康に仕えて小田原の役で敵将を馬前に倒し、その功により家康から持弓を賜わり、また領地を伊豆塚本村に与えられた。そののち家康の第九子義直《よしなお》の旗本に配せられ、義直に従って尾張に移り住むこととなってから姓を大塩と改めた。その後、嫡子が本家を継ぎ、末子は大坂に出て町奉行所の与力となったが、これが大坂大塩家の初代であるという。

この家系図を見れば分かるように、平八郎の出自となる大坂大塩家は、何らかの事情により大坂奉行所の一官吏となったものの、じつは幕府の創立者である家康と直結した歴然とした名門の武家である。上述の平八郎の手紙によれば、彼自身は十五歳のときに初めて大塩家の家譜を見て感激し、慨然として「功名気節をもって祖先の志を継がん」と決心したというが、じつはその生涯を通じて、平八郎は家康に直結する名門武家としての自らの家系に大きな誇りと自負をもって、つねに祖先の遺徳を受け継いで家名を汚さないように心がけていた。

文政十三年（一八三〇年）、町奉行の与力職を辞して時間的余裕ができた直後、平八郎が真っ先に遂行したことは、すなわち大坂から尾張へ赴き、大塩の宗家を訪ねて、そこで保管されている家康公拝領の弓との念願の対面を果たすことであった。彼はそのときに受けた感動を生涯忘れなかったようだが、子宝に恵まれなかった平八郎が家の存続のために養子を迎えようとした際、その迎え先として最初に頼んだのもやはり尾張の大塩宗家である。

天保六年（一八三五年）、すでに隠居となった平八郎が四十三歳のとき、その与力在任中の業績が幕府の中枢部にも知られたがゆえに、一時幕府のほうから彼を江戸に呼んできて中央の要職に就かせようとする動きがあって、その噂が平八郎の耳にも伝わった。そのとき平八郎は「先祖の英名をも今また天下に施し候儀、到来とひそかに喜び候」と友人にその心境を吐露したが、「先祖の英名」を天下に示すようなチャンスの到来に彼がいかに喜んでいたかが手に取るほどわかる。

天保七年（一八三六年）に待望の初孫が生まれたとき、平八郎はまた、祖先が家康公から持弓を賜わったことに因《ちな》んで、孫に「弓太郎」の名を付けた。そしてその翌年の二月、門人たちを率いて決死の蜂起を起こしたとき、平八郎がその戦陣に掲げた一面の旗には、まさに先祖の出自とされる今川家の家紋の一つ、五三桐《ごさんのきり》が染め抜かれていたのである。

このようにして見てみると、大塩平八郎はその生涯にわたって自分が武士の名門の出自であることを深く自覚して、武士として功名をたてた祖先の「英名」と「志」を何よりも大事にして、それを受け継ごうとしていることがよく分かる。つまり彼は生涯、大坂奉行所のいち「俗吏」でありつづけながらも、心の中ではつねに自分が誇り高い名門武家の伝統を受け継いだ武士であることを強く意識して、「祖先の英名」を裏切らないような立派な武士となることをめざし、そのための弛《たゆ》まぬ努力をしていたのである。

生涯、貨幣経済の中心部である大坂の町の真ん中で、「金の論理」の氾濫する泥沼のなかでその人生を送りながら、自分が誇り高い家系の出自の武士であることを一日も忘れることなく、つねに本物の武士になろうとしたところに、まさに大塩平八郎の人間像と精神の原点があるのである。

だからこそ、奉行所のいち「俗吏」とされる平八郎は、その役所勤めの時代を通じて、身の回りで氾濫している賄賂政治を断固として拒否し、自らの清廉潔白を最後まで貫いたのであろう。彼は清廉潔白に徹することによって本物の武士になろうとしているのだ。そしてその本物の武士の見本あるいは基準となっているのは、いうまでもなく平八郎自身が敬愛してやまない立派な武家としての大塩家の先祖であり、それらの先祖たちのもつ武士の「志」というものであろう。

◆大塩平八郎は死して本物の武士となった

武士道精神の系譜を論じる本書の視点からすれば、そのことはじつは重要な意味をもっているのである。

平八郎の生きた時代、幕府の全体において賄賂政治が蔓延《まんえん》しているなか、武士道精神たるものはすでに「金の論理」に侵食されて廃れてしまったことは、本書で繰り返し論じてきたが、このような泥にまみれた汚濁の時代に生きた平八郎からすれば、おそらく武士が「金の論理」によって毒される以前の時代、つまり武士が武士らしく闘った先祖の今川氏の時代、あるいはその先祖たちが家康公の配下として活躍した幕府体制の草創期の時代、それらの時代こそが武士にとっての古き良き時代だったのであろう。平八郎が決起のときに書いた檄文が冒頭からまず「東照神君の仁政」に触れていたことからも分かるように、彼が理想としている時代はまさに幕藩体制の草創期である。

　そして、自分の生きた時代では「制度化された武士道」がすでに堕落しているなか、本物の武士になろうとする大塩平八郎は、やはり先祖たちが生きた古き良き時代において本当の武士道精神を見出して、それを受け継ごうとしているのではないか。

　そして彼が、今川氏の五三桐の染め抜かれた旗を掲げて幕府の腐りきった体制と「金の論理」にたいして最後の反撃を敢行したとき、大塩平八郎はまさに、武士道を堕落させた幕藩体制との精神的決別を告げたのと同時に、この体制のなかで形骸化したところの「制度化された武士道」を飛び越えて、本物の武士たちが活躍した時代の本物の武士道精神と一体化してその具現者となったのである。

　そういう意味では大塩平八郎の乱は、本物の武士道精神を受け継いだ一人の武士が起こした、武士道を堕落させた体制全体にたいする反乱なのである。その反乱の意味はすなわち、反乱することによって、あるいは自らの命を捨てることによって、自らの生きた時代を超えて本物の武士道精神への回帰を果たしたことであると、筆者の私はそう理解しているのである。

　彼の起こした乱は最初から勝つ見込みのない反乱であったことは前述のとおりであるが、「勝つ見込みがない」と分かっていながらあえて捨て身の蜂起に立ち上がったところに、まさに大塩平八郎の武士としての真骨頂がある。そして、まさに大義のために「死を覚悟して闘った」というその最後の奮起によって、大塩平八郎は源義経、楠木正成以来の武士道精神の系譜に連なることができたのである。

第七章

武市半平太

「君子」と志士としての江戸武士

◆尊王攘夷の先頭に立った風雲児の生平

前章の主人公で、江戸幕府に反旗を翻した大塩平八郎が自決した十六年後に、今度は日本の外部から幕藩体制を揺るがす大事件が起きた。嘉永六年（一八五三年）のペリー来航である。

それをきっかけに日本の歴史は一気に「幕末維新」へと突入していったが、「黒船来航」のこの年から明治政府が設立した明治元年（一八六八年）までのわずか十五年間、日本全土から数多くの志士たちがそれこそ綺羅星のごとく現れてきて、歴史の大舞台で思う存分活躍して新しい時代をつくりあげる最大の原動力となったことは周知のとおりである。

しかも、この時代に大いに輝いた「幕末志士」の大半は、いわば下級武士の出自であることもよく知られている。江戸時代の幕藩体制のもとでは、彼らの出自となる家系は一応武家として体制のなかに組み込まれていたが、その立場はあくまでも体制の底辺を支える「末端武士」であり、体制のなかではもっとも疎外されている身分である。

その一方、彼ら下級武士、とくに辺鄙な地方出身の「田舎武士」たちは、幕藩体制を侵食してきた貨幣経済や「金の論理」とはもともと縁の薄い存在でもある。それがゆえに、むしろ彼ら下級武士においてこそ、「金の論理」によって毒される以前の本来の武士道精神が一貫して受け継がれているのではないかと思う。そして、本物の武士として生きた彼ら下級武士は、自らの生と死を賭して「幕末維新」の大業を成し遂げたわけである。

こうした幕末志士の代表格の一人がすなわち、本章の主人公の武市半平太《たけちはんぺいた》である。日本の辺鄙の地の土佐藩で郷士《ごうし》（すなわち下士）の家に生まれた半平太は、その立場といえば下級武士のなかの下級武士だったが、その彼が勤王の志士となって、一時は日本の尊王攘夷運動の先頭に立って歴史の大舞台で大いに輝いた。そして維新成功のわずか二年半前に花のごとく散ってしまい、本物の武士としての生と死を全うしたのである。

武市半平太とはいかなる人物なのか。彼の生と死は本書のテーマである武士道精神の系譜においてはどう位置づけるべきなのか。こういった問題への論評に入る前に、いつものように、まずこの人物の生平（生涯）と事績を見てみよう。

武市半平太（号瑞山《ずいざん》）は、文政十二年（一八二九年）土佐長岡郡仁井田郷吹井に生まれた。父は郷士白札《しろふだ》格の武市半右衛門正恒で、遠祖は平安時代の藤原氏であると言い伝えられている。当時の武市家は領地高五一石余りの白札郷士（郷士中の最上位）である。

嘉永二年（一八四九年）八月に父の半右衛門が病死し、次いで母も死去し、祖母が残された。半平太はこの年の十一月に家督を継いだのち、祖母扶養の責任を果たすため、同じ土佐郷士の島村源次郎の長女である富子と結婚した。

半平太は幼少のころから文武の両道に励み、「土佐一」といわれる剣術の腕を磨いたのと同時に、国学、書画を学び、並々ならぬ教養を身につけた。

安政元年（一八五四年）には叔父島村寿之助と槍剣道場を開き、藩内東部に剣道出張指南に赴いたこともある。そして同三年（一八五六年）に江戸に出て桃井春蔵《もものいしゅんぞう》に入門し、翌年塾頭となった。帰郷後、道場の経営に尽力していたが、同五年に剣道の功により藩から終身二人扶持を給せられた。

その後、安政の大獄（一八五九年）、桜田門外の変（一八六〇年）などの情勢の変化に伴い、尊攘運動が激化していくなかで、万延元年（一八六〇年）の秋、半平太は藩から剣術修行の許可を得て、門弟二名を従え北九州の諸藩を巡歴した。この九州巡歴のなかで、国学者の平田篤胤《ひらたあつたね》の著書に触れたことが、半平太が尊王攘夷に傾くきっかけとなったといわれている。

文久元年（一八六一年）に半平太は文武修行のため再び江戸に出て、修学のため江戸に来た同郷の大石弥太郎から勤王論勃興の情勢を聞き、その紹介により住谷寅之助、岩間金平、樺山三円、桂小五郎（木戸孝允《きどたかよし》）、久坂玄瑞《くさかげんずい》ら、水戸、薩摩、長州藩の尊攘派志士との交流を始めた。志士たちと時勢を論じたなかで危機感が募り、大石らと土佐藩尊攘派の組織化を決意して同年帰国した。八月には下級武士、郷士、村役人層を中心とする土佐勤《きん》王党《のうとう》を結成し、その首領となった。盟約に応ずる者二〇〇余人に及び、藩体制に大きな影響を与えた。

半平太が勤王党のために定めた運動方針は、藩内の世論を尊王攘夷へとまとめることによって藩全体を動かし、勤王に当たらせるという「挙藩勤王」のそれである。そして、薩摩、長州と土佐の三藩は、それぞれの藩内で「挙藩勤王」の体制を整えたうえで、いっせいに兵力を動かして京都に結集し、天下の大勢を一気に尊王攘夷へともっていく。それが半平太がその盟友の久坂玄瑞たちと共謀して策定した勤王の大計である。

土佐勤王党はその結成した日からこのような目標達成をめざして動き出したが、当時の土佐藩内では、元藩主の山内容堂《やまうちようどう》（豊信《とよしげ》）の信任する参政吉田東洋《よしだとうよう》が佐幕的公武合体を堅持していたので、半平太はその「挙藩勤王」論を上層部に何度も進言したが、なかなか受け容れられなかった。文久二年（一八六二年）四月、勤王諸藩の京都結集に遅れることを恐れた末、土佐勤王党は東洋を暗殺して吉田派を退けた。それで藩論が一変させられ、土佐藩内の「挙藩勤王」の体制づくりができあがった。

その後、半平太たちは藩主山内豊範《とよのり》を擁して入京し、薩摩と長州の軍勢と合流した。半平太たちの策定した戦略は見事に成功して、朝廷を中心とする尊王攘夷の体制を整えることができた。そのとき、半平太本人は土佐藩の他藩応接役として諸藩の有志と交わり、江戸幕府にたいして「攘夷」を督促するための勅使三条実美《さんじようさねとみ》や姉小路公知《あねがこうじきんとも》の東下にあたっては、半平太は姉小路の「雑掌（秘書）」となって柳川左門と変称して江戸に下り、徳川幕府との折衝にも関与した。このころが半平太と勤王党のもっとも華やかな活躍時代で、半平太は年末に留守居組に列せられて上士格に進み、文久三年（一八六三年）正月には京都留守居役となった。

しかし、同年四月藩命により帰国したが、このころから腹臣だった吉田東洋の暗殺を遺恨とする容堂の勤王党弾圧が始まった。その一方、同年八月十八日に京都で起きた政変により「公武合体派」が巻き返して主導権を握り、尊攘運動は大きく後退したから、土佐藩内での勤王党の弾圧がよりいっそう強化された。半平太は志士たちが相次いで脱藩するなかにあっても動かず、九月にはとうとう投獄された。それから一年半余の獄中闘争を行なったのち、一時は日本の尊王攘夷運動の要となったこの不世出の英雄はついに藩命により切腹を命ぜられ、武士としての立派な最期を遂げた。享年は三十七である。

◆文武両道に長けた江戸武士の模範

以上は幕末志士の武市半平太の生平（生涯）と事績の概要である。じつは筆者の私は半平太にかんするさまざまな資料を読んでいるうちに、その英雄的な業績に惹かれる前に、とくに感心してやまないのはむしろ、彼の武士としての教養の広さとその人間的な豊かさである。

半平太はまず、優れた剣客として知られる。この時代、剣道は戦闘の技術としても、あるいは精神を鍛えるための修行としても武士のたしなみの基本であったが、半平太は天下に名を轟かせるほどの剣道の達人である。

安政元年（一八五四年）、弱冠二十五歳の半平太は剣術の皆伝を免許されて自分の道場を開き、同じ年には藩庁から藩内の安芸郡奉行所での剣術指導を命じられ、のちに香美郡奉行所での指導も命じられた。安政二年の二月、彼は藩主の親臨下で江戸から呼ばれてきた剣術の名人たちとの立ち会いを求められ、土佐藩士の代表として剣の晴れ舞台に立つことができた。

そしてこの年の八月、半平太は藩命により剣術修行のために江戸に上り、江戸の三大道場の一つといわれる桃井春蔵道場に入門したが、しばらくしてから、人格も剣術もとびっきり優れた半平太はこの有名道場の塾頭にも任命された。

このようにして、この田舎出身の下級武士は二十代後半そこそこにして日本一流の剣客となり、武士の基本である剣の道をそれなりに極めた。

それで半平太は武士として文武両道の「武」に達することができたが、じつは「文」のほうにおいても彼はたいへんな教養人であり、いわば「風雅の道」に通じる人なのである。

半平太は幼少のころから親類の歌人について和歌を学び、書画、音曲も習った。音曲のなかでとくに好んだのは浄瑠璃である。のちに弾圧されて牢獄に入っても、浄瑠璃の台本をとりよせて獄中で義太夫節に興じていた。

半平太は絵画の造詣も深い。彼の画はいわゆる文人画の系統に属し、山水画や美人画はとくに得意である。現在残されている彼の絵画の数々を眺めてみても、プロ並みの技術の巧みさはもとより、いわば「気韻生動」という文人画の真髄をよく心得ていることが分かる。

漢詩を詠むことにつき、半平太は久坂玄瑞などの盟友の前では自分には造詣がないと謙遜しているものの、晩年に残したいくつかの遺作を読めば、技術の巧拙は別として、彼の詩はじつに味わい深いものである。

たとえば獄中にいた晩年、自らの死期が迫ってきていることを知った彼は、自分自身の肖像画を描いてその上に「五言絶句」の一首を詠んで記した。それは次のようなものである。

花依清香愛　花は清香に依って愛せられ
人以仁義栄　人は仁義を以て栄う
幽囚何可恥　幽囚何ぞ恥ずべけんや
只有赤心明　只赤心の明らかなる有り

半平太の「辞世の句」ともいうべきこの漢詩は、おそらく漢詩の本場である中国古来の一流の知識人がそれを詠んでも、「なかなかの出来じゃないか」と賞賛するほどのものであろう。幼少のときから漢詩に馴染んでいた筆者の私自身も、それを読んで微かな感動を覚えた。日本の武士は、じつに素晴らしい詩人でもあるのだと。

このように、土佐という日本の「辺鄙の地」で生まれ育った武士の武市半平太は、当代日本一流の剣道の達人であったと同時に、書画、音曲、漢詩にも精通するような教養豊かな「風雅の人」でもあった。いわば「文武の両道」に長けた教養人としての武市半平太像がそこで浮かび上がってきているが、彼の生きた時代的背景から見ると、この点はじつに興味深い。

周知のように、江戸時代というのは武士政権の支配下で二百六十数年にわたる長い平和を保った時代である。つまり日本の武士たちは二百六十数年にもわたる戦争のない「一国平和」の環境のなかで生きていたわけである。

このことは当然、武士のあり方、そして武士道のあり方に多大な影響を与えたであろう。何しろ、「武」というものを生き方の根拠にして戦争に勝つことを人生の使命とする武士たちが、戦争のできない平和な世の中で生きていくしかなかったのだから、そこからは、武士にとっての新たなジレンマと、それを乗り越えての新しい生き方が当然生まれてくるはずである。

◆武士が「文人」となったことの意味

まずは武士が武士である以上、たとえ戦争のない平和な世であっても、彼ら武士は「武」というものを捨てることはやはりできない。捨ててしまえば武士たるものの存在理由はなくなるからだ。したがって、実際に闘いの武器として剣を使うようなことはほとんどなくても、武士たるものはやはり毎日のように剣を握って剣術の上達をめざさなければならない。上達していてもべつに役に立つこともなかろうが、それでもやはり剣の修行を怠ってはならない。

こうしているうちに、剣術の修行は徐々に実戦のための技術向上の域を超えて、武士の心構えや精神的修養としての「剣道」となっていく。たとえ実戦の必要性がなくても、剣術は「剣道」として成り立つのである。したがって江戸時代において発達してきた剣道は、まさにこの平和な時代に生きる武士がその拠り所である「武の精神」を保っていくための「道」であるが、それはまた、この時代の武士道精神の一側面ともなっている。

そういう意味では、かの宮本武蔵の場合と同様、剣道の高い境地に達したわれらが主人公の武市半平太もまた、江戸時代を代表する日本武士の一人であり、この時代の武士道精神の体得者の一人であるともいえよう。

その一方、平和な時代である江戸時代に生きる日本武士の大きな特徴の一つは、やはり武士が武士でありながら教養の高い「文人」でもあったことである。

この時代の幕藩体制下では、武士全体は万民の上に立つ支配者階層だったから、当然、支配者としての高い教養をもつことが求められるし、官僚として政務を処理するための思考力や表現力の上達も必要とされる。そして平和な時代のなかで戦いという本来の任務を遂行する必要はほとんどないから、幕藩体制下の大半の武士たちは時間的余裕をいくらでももっている。そうすると、豊かな人生の時間を使って自らの教養を高めていくというのは当然、この時代の武士たちの共通した生き方となっている。江戸初期の将軍綱吉の時代から「文治主義」が盛んに提唱されたのは、まさにこのような時代的背景での施策だったのであろう。

そして「文治主義」が広がっていったことの結果、「無骨」な武士が多かった以前の時代と比べれば、江戸時代の日本武士は全体的にその知的レベルを飛躍的に上昇させ、儒学から和歌まで、書道から絵画までのあらゆる分野において教養を高めることができた。そのなかでは、たとえば詩人としても画家としても史家としても儒学者としても当代一流のレベルを誇った頼山陽のような「武士文化人」が現れたことからも分かるように、この時代の武士は武士でありながら立派な教養人ともなっている。

このような現象は、日本史においても世界史においてもじつに興味深いものである。日本の歴史から見れば、鎌倉時代からたしかに政治権力はずっと武士の預かるものとなっていて「武士の世」が続いていたが、少なくとも江戸時代以前では、文化の主導権は依然として京都の公家やお寺の僧侶たちによって握られていた。そして江戸時代になって初めて、武士も当代一流の教養と知識を身につけて、れっきとした「知識人」となった。もちろんそのことの結果として、武士によって担われる日本の武士道は、よりいっそうの豊かさと深みをもつようになっている。

そして世界史的に見ると、とくに同じアジアの中国や朝鮮の場合と比べてみれば、江戸時代の日本のエリート階層（すなわち武士階層）の優秀さは一目瞭然である。中国と朝鮮の場合、たとえば中国には「文武両班」、朝鮮には「ヤンパン（両班）」という言葉があったように、支配者階層となるエリートは「文官」と「武官」の二つの集団に分けられている。「文官」はあくまでも文筆や詩に長けたような文人であるのにたいして、「武官」はまた純粋な「武人」として生涯を終え、「文」とは無縁な存在である。いってみれば中国と朝鮮のエリート階層は、「文官」にしても「武官」にしても偏った精神的素質と知識しかもたずして、いわば「片っぽのエリート」だったのである。

それとは違って、武士でありながら文人でもある日本の江戸時代の武士は、まさに「文武の両道」に通じたようなバランスのとれた優れた人たちである。彼らのエリートとしての幅の広さと深みは、もはや中国や朝鮮のたんなる「文人」や「武人」の比ではない。ある意味では、東洋世界の理想的なエリート像は、日本の江戸武士においてこそその典型を見出すことができよう。それはまた、江戸時代の日本武士と武士道精神の輝いた一面である。

もちろん別の面においては、江戸時代において「文治主義」がとくに強調されてそれが行き過ぎた結果、武士階層の「文人化」が過度に進んだきらいがある。そのなかで、多くの武士たちは武士の基本である武士道そのものを忘れて、ただの「文人官僚」となっていった。また、本書の前章と前前章でも論じたように、江戸中期以降の武士たちは徐々に

「金の論理」に毒されて享楽の風潮に染まっていく傾向があったが、享楽の風潮が武士のあいだで広がった背景の一つはやはり、武士の「文人化」が進むなかで風雅を楽しむような文人志向を武士ももつようになったことであろう。

つまり、武士の文化的教養の向上は、武士の心と日本の武士道をより豊かなものにしていったのと同時に、武士精神の真髄たる部分を逆に失わせてしまう危険性も孕《はら》んでいた。「文」というものは、武士と武士道にとっての「両刃の剣」なのである。

こうしたなかで、われらが主人公の武市半平太はやはり違っていた。日本の「辺鄙の地」である土佐藩の城下町からさらに遠く離れた正真正銘の田舎で、地位の低い郷士の家に生まれ育った半平太は、そもそも貨幣経済や「金の論理」とは縁の薄い存在であった。そして彼は書画や音曲を楽しむような教養豊かな文化人でありながらも、武の心を忘れずして剣道の境地を極めた。しかものちに記していくように、その生涯、半平太は風雅を楽しみながらも享楽に浸ることもなく、武士の節度と気骨を貫いた。

そういう意味では、江戸時代の末期に生きた「田舎武士」の武市半平太こそは、武士の心と文人の高い教養を兼備したこの時代の日本武士の模範的な存在であり、江戸時代の武士道精神の素晴らしい具現者の一人であろう。

◆儒教の理想とする「君子像」が土佐の地で見出された

江戸時代に「文治主義」が提唱されたなかで、「文治」の要となったのはすなわち儒教である。幕藩体制の創立者である家康が幕府の正式の学問に儒教を採用して武士階層の儒教受容を奨励して以来、徳川時代の二百六十数年間、中国伝来の儒教はたしかに支配階層である武士たちのあいだに浸透して、彼らの「高貴なる者の義務」を規定する倫理規範の一部となっていた。

「武士道精神の系譜」を論じる本書の視点からすれば、このことのもつ意味は重要である。要するにこの時代の武士道精神は儒教的要素を吸収して、より豊富多彩なものとなったわけであるが、そこから生まれた「儒教的武士像」とはいったいどのようなものだったのか。それもまた興味深い問題である。

じつは、本章の主人公である武市半平太の人物像をより掘り下げれば、われわれはそこにおいてこそ、「儒教的武士像」の一端を見ることができるのである。

武市半平太の事績や彼にまつわる多くのエピソードを読むと、外見上では威圧的な体格をもつこの堂々たる武士は、じつに気配りの細かい、思いやりのある人間であることが分かる。

半平太が両親を失くして祖母とともに長く生活していたことは前述のとおりだが、ある日、祖母が家の中で灸の治療を受けたとき、祖母の痩せた背中に妻の富子が灸をすえるのを見ていた半平太は、肌にまで火の届かないうちに思わず手を出してもぐさを払いのけた、との逸話が残されている。祖母にたいする彼の愛情の深さはこの話からうかがえるが、半平太が江戸の桃井春蔵道場で剣道の修行中、ちょうど塾頭にも任命されて頭角を現したそのとき、郷里からの「祖母病ム」との報に接するや否や、彼はすぐ修行を中断して土佐に飛んで帰った話もよく知られている。

半平太の妻にたいする思いやりと愛情も並のものではない。絵画が上手で、とくに美人画を好んで書いた彼は、結婚後にはそれをほとんど書かなくなったという。妻の富子にたいする配慮からであろう。

半平太・富子夫婦が子宝に恵まれなかったのはよく知られた話である。その時代、妻は子供ができなかったならそれを理由に離縁するのは当然のこととされていたが、半平太の場合、自分が死ぬまで妻の富子と人生を共にした。それどころか、このことにかんして、じつは次のような逸話もある。

半平太の友人で同じ土佐藩士の吉村虎太郎は、親身になって半平太に子なきことを憂い、なんとかしてやりたいと考えていた。そのために虎太郎は、半平太の妻の富子を説得して、実家に所用があると偽って富子を里帰りさせた。そこで虎太郎はさっそく、この留守のあいだに半平太の身の回りの世話をする女中代わりに妙齢の女の子を雇って半平太の家に差し入れた。しばらくして虎太郎は半平太の家の中の様子を聞いてみたが、半平太とこの女性とのあいだには結局何もなかったことが分かった。落胆した虎太郎はこの後も、第二、第三の身代わりを半平太の家に送り込んだが、「企み」はすべて失敗に終わってしまった。しかもこの「陰謀」は最後に半平太の感ずるところとなって、厳重な叱責を受けたのは虎太郎のほうだった。「子のないのは天命である。今後はこのような配慮は慎んでもらいたい」といわれたという。

妻の富子にたいする半平太の思いやりの深さと、彼自身の武士としての自制心の強さがよく分かるようなエピソードである。儒教の始祖である孔子のいう「克己復礼＝自分自身を律して私情や私欲に打ち勝ち、社会の規範や礼儀にかなった行いをすること」とは、まさにそういうことだったのではないのか。思いやりと節度、儒教でいう「仁」と「礼」の心が、この日本武士の行いにおいて十分に露見されているのである。

半平太の自分を律することの厳格さを示すもう一つの逸話がある。二十代後半で江戸の桃井道場で剣道の修行をしたときのことである。桃井道場の近くに「藤棚」という名の茶屋があり、いわば酒色淫乱の拠点たるものだったが、道場の塾生の多くはときどき師の春蔵の目を盗んでそこへ遊びに行く。それを見るに見かねたのは半平太である。彼は直ちに春蔵をつかまえて、「修行中の身で酒色の俗に染むとは何ごとか」と訴えた。結局春蔵は半平太に命じてその取り締まりに当たらせたが、半平太は門限厳守の徹底などの措置をとってその任に当たった。最初は彼の厳しい取り締まりに不服の塾生も多かったようだが、半平太は終始一貫して自分自身を厳しく律し、厳格な生活を送って範を垂れたから、塾生たちもやがて彼の説得に応じて「不良」をやめたという。

儒教的な言い方でいえば、人はまず自分自身を律するところから「信」を立て、それで初めて人から信頼されることになるというのだが、のちに勤王党の志士たちを束ねる立場となった武市半平太は、まさにそういう意味での「信」の人であると思う。実際、半平太は土佐勤王党の同志たちから大いに信頼されただけでなく、他藩の志士からもたいへんな尊敬と信頼を受けている。そうであるからこそ、彼は全国的な尊王攘夷運動の中心人物の一人となりえたが、薩摩藩の志士である田中新兵衛に至っては、「その誠実、洛西に於て比すべきものは、わが藩の大島三右衛門（西郷吉之助）のみ」と、半平太のことをかの西郷隆盛と並べて評しているのである。

以上のように、武市半平太の人格をよく表しているそれらの逸話の数々を読んでいると、筆者の私の脳裏に浮かび上がってきたのは、やはり儒教が理想的人間像として描いている「君子」のイメージである。思いやり（仁の心）があって礼節を重んじ、自分自身を厳しく律して人からも信頼される。その一方、風雅の分かる優れた教養人でもある。儒教の世界では最高の理想とされるこのような「君子像」は、武市半平太という日本武士の身においてその模範の一つを見出したのである。

武市半平太の遊学の遍歴を詳しく調べてみると、彼は特別に儒学を研鑽《けんさん》したわけでもないことが分かる。もちろんその時代の武士だったから、半平太は一般的教養として『論語』を読み、儒教の教えに接したことがあるとは思うが、彼はやはり儒学者の頼山陽や陽明学者の大塩平八郎と違って、学問に打ち込むタイプの武士ではない。

しかしその人間性の形成と行いにおいて、半平太こそが儒教の理想とする「君子像」にもっとも近い存在なのである。儒教の本場の中国では、半平太が生きた江戸時代と同時代の清王朝になると、儒学はたんなる官僚になるための「受験勉強」の必須科目だと見なされて、儒教の教えを自らの行いにおいて実践するような知識人はほとんどいなくなった。老大国の中国で儒教はすでに形骸化されていて、儒学の形が残されていても心が失われていた。しかし中国大陸から海を隔てたこの日本において、しかも日本のなかの「辺鄙の地」である土佐藩の田舎の一角で、武士のなかでもっとも地位の低い郷士の家に生まれ育ったわが武市半平太は、儒学の教えを誰よりも心得て、儒学の理想を日々の行いにおいて誰よりも力行しているのである。

つまり中国発祥の儒教は、本場の中国ではなくむしろ異国の日本の地において、中国流の「文人」ではなくむしろ日本の武士において、そのもっとも輝かしい精神的光を放つことができた。そしてそのことの意味するところは、逆にいえばすなわち、日本の武士道精神は儒教的要素を吸収しながらそれを「大和魂」に融合させることによって、自らの中身をより豊かなものにした、ということなのである。

その結果、日本の武士は武士でありながらも「君子」ともなっており、日本の武士道は武士の武士道であるのと同時に「君子的武士道」ともなった。

◆「忠義」と「大義」を両全させた武士のなかの武士

儒教の教えのなかで「仁」とともに強調されているもう一つの項目が、すなわち「忠」である。それは、自らが仕える主君にたいする「忠義」であるとも解釈されているが、江戸時代の幕藩体制のなかで、各藩の藩士の藩主にたいする忠義、あるいは幕臣の将軍にたいする忠義が当然、すべての武士に求められている主要な徳目の一つである。

つまり、武士は主君にたいして忠義を尽くすべきだというのは、この時代における武士道精神の主な内容の一つとなっており、武士以外の人々も共通して認めたところの社会的通念でもある。命をかけて忠義を尽くした赤穂の四十七士が、武士だけでなく一般の庶民からも賞賛された所以がまさにここにある。

本章の主人公の武市半平太もまた、生涯を通して主君への忠義を貫いた日本武士の一人である。武市半平太が勤王の志士として活躍できた背景の一つには、当時の土佐藩元藩主で尊王攘夷に一定の理解を示した山内容堂の存在があったことはよく知られているが、とくにこの「老公容堂」にたいする関係においては、半平太は終始一貫、臣下としての忠義を尽くした。

当時の土佐藩では、当代の「四大賢候」の一人に数えられた容堂が、藩主の座を退いてからも藩の実権を握っていた。しかも彼は徳川幕府に恩義を感じていながらも基本的に尊皇の立場に立っていたから、武市半平太とその率いる勤王党は終始、老公容堂の力をバックアップにして尊皇運動を展開していた。実際、半平太たちが勤王党を結成したときに交わした盟約書は、尊皇の精神や「大和魂」を訴えていたのと同時に、「我が老公（すなわち容堂）」が尊皇のための政治工作を行なったために幕府から謹慎を余儀なくされたことにも触れ、それを自分たちの決起の理由の一つにした。盟約書はまた、「我が老公の御志を継ぐ」とも宣言しているのである。

つまり半平太と勤王党の考える勤王は、土佐藩と主君をないがしろにした勤王でもなければ、ましてや藩を潰しての勤王でもない。それはまさに彼らのいうとおりの「挙藩勤王」、つまり藩全体をまとめあげての勤王なのである。

そういう意味では、半平太の考える勤王は、藩と主君への忠義と矛盾することなく一致しているものだ。尊皇と主君への忠節の両立は、まさに半平太のめざすところである。

実際、半平太が勤王党の志士たちを率いて展開していた驚天動地の尊皇運動において、彼は終始一貫、老公容堂の臣下としての立場をわきまえて、文字どおり容堂の手足として働いていた。彼はあくまでも主君にたいして忠義を尽くし、そして主君を擁して尊皇の大業を成し遂げようとしていたのである。

そのなかで、半平太は老公容堂にたいして面《おもて》を冒《おか》して諫言することがしばしばあるし、あるいは主君を惑わせて藩の政治を誤らせる「君側《くんそく》の奸《かん》」を除くために、暗殺のような非常手段を使ったこともある。だが彼は主君の容堂を裏切るようなことは一度もなく、容堂を補佐するのにはつねに忠実だった。京都で発生した政変により尊皇運動が一時挫折して、土佐藩の勤王党弾圧が迫ってきているなかで、久坂玄瑞などの盟友からの脱藩のすすめをいっさい断って藩にとどまる道を選んだのもこの半平太である。

のちに土佐藩が老公容堂の意を受けて半平太に切腹を命じたとき、彼に言い渡した「死刑判決書」は、「御隠居（容堂）様へ累々不届の儀申上候事共《ども》、総じて臣下の所分を失し」と書いて、半平太の容堂へのたびたびの諫言を「不届の儀」として断罪したが、しかしそれ以外には、彼が主君や藩を裏切ったような罪名をあげることがいっさいできなかった。

半平太の容堂にたいする忠義はたんなる形式上のものではなく、じつに真情の伴ったものである。勤王運動展開の最中、容堂に従って江戸に上った半平太が、京都に帰ったのちに妻の富子に私信を寄せ、「江戸にては、容堂様へ七度も御目通り仰せ付けられ、誠にありがたき御意を蒙《こうむ》り、只々落涙いたし候」と書いたこの行は、この土佐藩士の偽りのない真情の露呈であろうと思う。彼は本心から、一郷士出身の自分を藩の中枢政治の参画にまで引き立てた老公容堂にたいして大きな恩義を感じていたのであろう。

そしてその後、まさにこの老公容堂という張本人が、政治情勢の激変のなかで、使い捨てとなった半平太と勤王党にたいして突如の弾圧を加えてからも、半平太はとくに容堂を憎んだりあるいは君臣の仁義を断ち切ったりするようなこともなく、獄中でもたびたび老公と藩主に建白書などを呈して藩の行く末を案じていたのである。

このようにして、半平太は江戸時代の武士として主君への忠義を全うすることができたが、その一方、彼はまた幕末志士として、尊皇の「大義」を掲げてそのために戦った一人である。

半平太が尊皇へと傾いたきっかけの一つは、万延元年（一八六〇年）の秋に剣術修行の九州巡歴のなかで、国学者の平田篤胤の著書に触れたことであると前述したが、じつはそれよりも早い段階から、彼はすでに尊皇思想からの影響を受けていたと思われる。半平太の叔父でその本名の「小楯《こたて》」の名付け親でもある鹿持雅澄《かもちまさずみ》という人は、土佐藩内きっての国学者・歌人であると同時に、激しい尊皇思想の持ち主でもあった。彼が半平太のために付けた「小楯」という名も、じつは甥の半平太に皇室を守る楯になってほしいとの思いが込められているといわれる。鹿持の尊皇思想は当然、幼少のときから半平太に大きな影響を与えずにはいなかったと思う。

そして半平太が大の勤皇家となった決定的な契機は、長州藩士の久坂玄瑞を通じての吉田松陰との「出会い」であったことはよく知られている。

文久三年（一八六三年）七月、半平太が三十五歳のとき、江戸において久坂玄瑞と初対面した。そのとき玄瑞は、松陰が投獄される直前に人に描かせた肖像画と、それに添えた自賛の詩の軸を半平太に見せながら、松陰先生の尊皇論の真髄を熱っぽく語ったという。半平太はすこぶる感激して、さっそく松陰の詩を写し取った。それ以来、半平太は松陰を自らの先師として仰ぎながら、玄瑞と行動をともにして尊皇運動の道をひたすら走っていった。

そういう意味では、武市半平太は土佐藩士でありながらも松陰の直弟子の高杉晋作や久坂玄瑞などと同様、松陰先生の思想的ＤＮＡをきちんと受け継いだ正真正銘の勤皇家であり、松陰を通じて日本の尊皇運動の流れに身を投じた志士の一人なのである。

そして松陰との「出会い」以来の人生の最後の時期において、彼はまさに勤皇のために戦って、そして勤皇のために死んでいった。江戸時代に生きた武士の一人として、自らの出身藩と主君にたいして忠義を尽くしていったのと同時に、半平太はまた、たんなる土佐藩士であることを超えて、勤皇という大義のために戦って命を投げた。こうして彼は、自らの生と死をもって忠義と大義の両方を全うしたが、そうすることによって、半平太は自らの生きた時代の代表的な日本武士となったのと同時に、新しい時代を切り開いていくという未来への日本武士ともなった。

本書の文脈からすれば要するに、「武士の世」が始まろうとしたときに現れた源義経から発祥した日本の武士道精神は、「武士の世」の終わりとなる江戸末期に生きた武市半平太においてその有終の美を飾った、ということである。そして、この同じ武市半平太と、彼とともに戦った多くの未来開拓の幕末志士をつなぎ点にして、日本の武士道精神は「武士」のいなくなった新しい時代へと受け継がれていったのである。

慶応元年（一八六五年）閏五月十一日、江戸時代の終焉までわずか二年数カ月前のこの日、一個の武士であり志士であるわれらが武市半平太が、武士切腹の古法である三文字割腹の法をもって忠義と大義に殉じたまさにその瞬間、日本の武士道精神は時代の変遷の有為転変を超えて永劫不変の輝きを放ったのである。

第八章

明治から現代へと受け継がれる武士道精神

◆「武士の世」が終わって武士道が輝いた明治時代

前章の主人公である武市半平太が壮烈な最期を遂げてから二年数カ月後の慶応三年（一八六七年）十月、朝廷への徳川幕府の大政奉還をもって、江戸時代は実質上その終焉を告げた。世は「明治」という新しい時代へと変わろうとしたのである。

この歴史の大激変は、われわれのテーマである「武士道精神」の変遷を考えるうえではじつに重要な意味をもっている。というのも、江戸時代の終わりと明治時代のスタートは、鎌倉時代以来の「武士の世」の終焉をも意味しているからである。

明治という新しい時代に入ってから、廃藩置県と士農工商の身分制度の廃止に伴って、支配者階層としての武士階層そのものが解体されてしまい、世の中から「武士」という名の身分と職業は存在しなくなった。いってみれば、武士たちが「維新」を成し遂げたことの結果、武士階層そのものが日本の歴史から消えてしまったのである。

ならば、「武士」がいなくなったこの日本で、武士道の精神はいったいどう変容していったのか。それが本書にとっての大問題なのである。「武士の世」が終焉を迎えたことは、日本の武士道がその長い歴史において直面した初めての事態でもある。精神の担い手である武士階層が解体してしまうと、肝心の武士道精神そのものははたして生き残ることができたのだろうか。

幸いなことに、世が変わっても日本の武士道精神は生き延びた。明治という新しい時代を開いてそれをリードしていく歴史的役割を担っていたのは、江戸時代から生き延びた武士の出身者たちだったからである。明治に「武士」という身分が廃止されて武士階層が解体されたとしても、明治国家の中核となって新しい日本を背負っていくのはそれらの「元武士」であった。しかも、明治維新を起こして新しい政府をつくりあげた彼らのほとんどが、江戸時代の下級武士であったことは周知のとおりである。

前章の主人公の武市半平太がそうであったごとく、江戸時代の下級武士こそが武士道精神のもっとも忠実的な体得者でもあったから、彼らが中核となって背負っていった明治の新しい時代において、武士道精神がそのまま受け継がれていったのもむしろ自然の成り行きであろう。

しかも、明治になってからの元武士たちの場合、すなわち「明治の武士」の場合、彼らの背負っていたのはもはや往時のような一藩一城ではない。それは新しく統一された日本国家であり、まさに「天下」そのものである。この日本国家を守っていくために「明治の武士」が戦わなければならない相手は、もはや日本国内の「西軍」でもなければ「東軍」でもない。それは、強大な軍事力をもって日本やアジアを狙って虎視眈々《こしたんたん》としている猛獣のごとき世界の列強国なのである。

つまり明治という時代が始まったその日から、日本国家の中核となった彼ら「明治の武士」たちは、まさに天下の安否をその一身に背負って、得体の知れぬ敵方を相手にして熾烈な戦いを展開していかなければならなくなった。そのために、彼らは政治・経済・社会・文化などのあらゆる面において、新しい日本国家の形を一からつくり、荒海のなかで「日本丸」の方向性を探り、それを決めなければならなかった。そして明治という時代を通して、彼らは万難を排してその歴史的使命を果たし、新しい国づくりにも成功して、新しい日本国家を見事に守ってくれた。

そういう意味では、明治という時代は、本物の武士たちが日本と世界というとてつもない大きな舞台を活躍の場にして奮闘した英雄の時代である。この激動の時代において、「明治の武士」たちは日本国の英雄となって日本のために戦い、そして世界そのものを相手にして戦った。この史上空前の壮烈な戦いにおいてこそ、彼らが心の拠り所とする日本の武士道精神はよりいっそう高揚されて大きく輝いたのである。

いってみれば、武士階層がなくなって武士道がよりいっそうの輝きを放ったのが、まさに明治という時代である。

◆群星のごとく現れた「明治の武士」の心と気概

明治という時代は、政・官・軍および経済・文化の各界において、元武士を出自とする多くの素晴らしい人物が満天の群星のごとく現れていっせいに輝いた時代である。わずか四十五年間の歴史において、それほど多くの素晴らしい人物が輩出して活躍したのは日本史上最大の壮観であろう。

元勲として明治国家をつくりあげ、それを育てていった大久保利通や勝海舟、そして大《おお》隈重信《くましげのぶ》や副島種臣《そえじまたねおみ》、日本を守るための国防と外交の最前線で戦った大山巌《おおやまいわお》や東郷平八郎、そして陸奥宗光《むつむねみつ》や小村寿太郎、富国強兵のための経済振興と新しい文明づくりに貢献した渋沢栄一や福澤諭吉、そして森有礼《もりありのり》や岡倉天心などなど、元武士の出自をもつそれらの人々が死力を尽くして奮闘した結果、日本は西洋列強の脅威から民族の独立と尊厳を守り抜いただけでなく、西洋先進国と肩を並べるほどの素晴らしい世界大国に成長した。

西洋列強との決死の戦いを展開して新しい国家づくりと文明づくりに成功した彼ら明治のエリートたちを支えてその精神的拠り所となったものは、いうまでもなく彼らの共通の出身母体である武士階層のもつ武士道精神であろう。明治のエリートたちは、政治家であろうと軍人であろうと、経済人であろうと文化人であろうと、元を正せばみな武士の出自であり、幼少のころから武士として育てられた人たちばかりである。しかも彼らの多くは、江戸後期に氾濫した「金の論理」とは縁の薄い辺鄙なる地方の下級武士の出身だったから、彼らこそがより純粋な武士道精神の継承者でもある。

明治国家の一部となってそれを支えた武士の一群が存在する一方、この時代において、武士道精神の純粋さを重んじるあまりに「国家の反逆者」となっていった武士もいた。西《さい》郷隆盛《ごうたかもり》や江藤新平がそうであり、国家体制と対抗して自由民権運動に身を投じた板垣退助もこういうタイプの人である。「武士の国」の明治国家に反旗を翻したそれらの人々は、その政治的主張の善し悪しがどうであれ、一度手に入れた新政府高官の立場と栄華を捨てて道義のために決死の反乱を起こしたのだから、彼らもやはり武士のなかの武士であり、彼らの行動と心を支えていたのは当然、武士道精神であろう。

いってみれば、国家の担当者にしても国家への反乱者にしても、元武士として明治の歴史をつくりあげた人たちはいずれも、この時代における武士道精神の立派な具現者であった。明治という時代はやはり、彼ら「元武士」の時代だったのである。

ここでは、いわば「明治の武士」の代表的人物の何人かを取り上げ、その武士としての行いと精神の一端を見てみよう。

筆者の私自身が敬慕してやまない西郷南洲《なんしゅう》翁にかんしては、本書の最後の部分において詳しく論述するが、西郷隆盛と並んで維新の立役者となった大久保利通もまた、特筆すべき明治の日本武士の一人であろう。

彼は維新の功臣であるだけでなく、明治国家の基盤を一から築き上げたという国づくりの中核人物だった。ふだんの大久保は寡黙で沈着冷静にして威厳に満ちた人物として知られ、まさに「薩摩隼人」の見本となるような人間であった。そして、「為政清明」と「堅忍不抜」を政治家としての座右の銘とした彼は生涯、まさにこの二つの座右の銘のとおり、厳しい政治倫理を自らに課しながら、驚くべきほどの意志の強さと決断力をもって維新と国づくりの大業を成し遂げた。

四十八歳の若さで暗殺者の手によって命を絶たれたとき、明治国家の一番の権力者であった彼が家族に残したのは八〇〇〇〇円もの借金であった。そのほとんどが国の借金を個人で埋めるためにつくった借金だったという。

大久保利通はまぎれもなく、明治という時代の武士道精神を代表する武士のなかの武士の一人だった。そして彼がその継承者と具現者であった武士道の精神は、彼のつくりあげた明治国家の魂ともなった。

大久保利通と同じ薩摩藩出身の東郷平八郎もまた、誰もが認めるところの武士のなかの武士である。明治三十八年（一九〇五年）五月二十七日、日本の国運を決する日露戦争の海上決戦が行われたそのとき、世界屈指の戦力をもつロシア帝国のバルチック艦隊を前にして、わが連合艦隊司令長官の東郷元帥はZ旗を掲げて決勝の意志を強く示した一方、沈着冷静な判断のもとで大胆不敵な敵前回頭戦法（丁字戦法）を展開して、完璧というほどの歴史的大勝利を収めた。のちに「トーゴー・ターン」と呼ばれて世界の海軍史に残ったこの捨身の戦法は、まぎれもなく源義経や楠木正成から受け継がれてきた「死ぬ覚悟で戦う」武士道精神にその源流をもつものであろう。

そして東郷平八郎は、このような武士的な戦い方をもって世界有数の大艦隊を完膚なきまでに打ち破ったことで、「日本武士」の名を世界中に馳せた。日露海戦が決されたこの年、ロシアからの脅威に苦しめられていたオスマン帝国では、生まれた子供に「トーゴー」と名付ける親が続出し、「トーゴー通り」と名付けられた通りも現れた。そのときの日本の同盟国だったイギリスでは、わが東郷元帥はかの国の国民的大英雄のネルソンと比されて「東洋のネルソン」と呼ばれるようになった。そして大正十五年（一九二六年）には、東郷平八郎は今度は米国の『タイム』誌に日本人初のカバーパーソンとして登場した。

薩摩藩士出身の武士だった東郷平八郎は、まさに日本武士の名と日本の武士道精神の素晴らしさを世界中に思い知らせた人物である。

外交という別の戦場において戦った元武士の一群もあった。日露戦争前後の日本外交の大舞台で歴史的役割を果たした小村寿太郎がその一人である。

飫肥《おび》藩の下級武士の家に生まれた寿太郎は、子供のときから体が小さくて病弱だった。大家族のなかで、よく寿太郎の面倒をみていた祖母は、義経や弁慶などの話から武士道を語り、武勇だけではなく心に誠が必要、と繰り返し話して聞かせたという。寿太郎はまさに、この時代の典型的な武士の子として育った。

六歳から藩校の振徳堂に入学したが、家が貧乏で学費などを無料にしてもらうために、一日の半分以上は学校内外の拭き掃除と火鉢の配置、生け垣の刈り込みなどの仕事をした。その一方で彼は、八年間無欠席で藩校での勉学に励み、先生や仲間たちから一目置かれる存在になっていったという。十五歳のときには藩の代表学生として大学南校（現在の東京大学）に入学し、明治八年（一八七五年）、二十歳の寿太郎は第一回文部省留学生としてハーバード大学へと留学を果たした。

世界中からエリート学生が集まったハーバード大学で、成績抜群でふだんの行いにおいても日本武士特有の誠実さを貫いた寿太郎は、各国の学生からも尊敬される存在だった。寿太郎に会うと、彼らは「いちいち帽子をとって」敬意を表する挨拶をしたとも伝えられている。

帰国後の寿太郎は最初司法省に入省したが、のちに外務省へ移った。それからの十年あまり、外務省では陽の当たらない翻訳局で不遇の日々を送りながら、父親がつくった莫大な借金の返済のために極貧の生活を強いられた。しかしそのなかでも寿太郎は天下国家を背負っていく志を捨てなかった。そして明治二十六年（一八九三年）に外務大臣の陸奥宗光に認められて日本の清国公使館参事官として北京に着任してから、寿太郎はようやく本懐を成し遂げて日本外交の中心人物となっていった。

のちに清国公使ともなったその北京赴任中に、日本武士の気概を示す次のようなエピソードを残した。ある日、清国の大物政治家で実質上の総理大臣だった李鴻章《りこうしょう》と対面したとき、巨漢の李鴻章は「この宴席で閣下は一番小そうございます。日本人とは皆閣下のように小そうございますか?」と、寿太郎の背の低さを材料にして揶揄《やゆ》した。それにたいし、わが寿太郎は胸を張って、「残念ながら日本人はみな小そうございます。むろん閣下のように大きい者もございます。しかしわが国では『大男《おおおとこ》、総身《そうみ》に智恵が回りかね』などといい、大事を託さぬことになっているのでございます」と答えたという。老大国の清国に負けてはならぬという日本武士の意地を通した堂々たる切り返しだった。

日本の国内でも、たとえば海軍大臣の西郷従道《つぐみち》が寿太郎に、「その身体で外国人のなかにまじったら、子供のように思われましょう」といったとき、彼は「大丈夫です。私は日本を代表して行くのですから。日本は小さくても強いですからね」と答えた。終生において体格の小ささという外交官としての「欠陥」をもつ寿太郎は、まさに天下国家を一身に背負っていくという自負と使命感をもって世界を相手に戦ったのである。

そしてこの寿太郎は、天下国家の一大事となったとき、その小さな体に漲《みなぎ》っている渾身の力を発揮して国事のために奔走した。日露戦争の前には、彼は外務大臣として日英同盟の締結に尽力して戦争勝利のための事前準備を整えた。そして日本が死力を尽くしてロシアと戦ったこの戦争の終盤、新興国としての日本がいよいよその国力の限界を迎えたなか、寿太郎は日本の全権大使としてロシアとの終戦交渉に臨んだ。そこで彼は巧妙な外交的駆け引きと熾烈な外交戦を展開して、国内からの反発も覚悟のうえで、日本の勝利と平和を不動のものにしたポーツマス条約の締結を成功に導いた。

その後、明治四十一年（一九〇八年）に二度目の外務大臣となった寿太郎は、日本が開国のときにアメリカをはじめとする国々と結んだ不利な通商条約の改正に取り組んだ。明治四十四年（一九一一年）、欧米各国との交渉にあたってそれまで認められていなかった関税を自主的に定める権利（関税自主権）を回復させた最大の功労者は、他ならぬこの小村寿太郎である。

そして、この関税自主権回復と同じ年の明治四十四年、最後の大仕事を成し遂げた小村寿太郎は五十六歳の若さでその生涯を閉じた。彼の一生はまさしく、国のために生きて国のために尽くしたという、典型的な「明治武士」の人生だったのである。

◆渾身一個の「明治武士」である乃木将軍

元武士たちが群星のごとく現れてきて活躍した明治の時代において、この時代の日本武士の風格と気質を誰よりも代弁している人物の一人は、やはり乃木希典《のぎまれすけ》であろう。

彼こそは、武士として生まれて武士としての人生を貫き、そして武士としての死を全うした渾身一個の武士だったのである。

嘉永二年（一八四九年）に長府藩士の家に生まれた希典は、幼少時から虚弱体質であり、臆病でもあった。子供たちのあいだではいつも泣かされているので、その幼名の「無人《なきと》」にかけて「泣き人」（なきと）とあだ名を付けられた。父・希次は、こうした無人にたいして武士の子としての厳しい教育を施した。「寒い」と不平を口にした七歳の無人にたいし、「よし。寒いなら、暖かくなるようにしてやる」といって、彼を井戸端に連れて行き、冷水を容赦なく浴びせたという逸話が残されている。

無人は十一歳になってから、藩儒の結城香崖《ゆうきこうがい》に入門して漢籍および詩文を学び、さらに江見後藤兵衛《えみごとべえ》という人物から武家礼法や弓馬故実《こじつ》を学んで、この時代の武士の子として受けるべき教育を一通り受けた。

文久三年（一八六三年）に十五歳となった無人が「源三」と名を改めて元服したとき、父から与えられたのは吉田松陰の『武教講義』という手写しの一冊だった。そして十六歳からの一年半、源三は吉田松陰の叔父で「松下村塾」の創設者でもある玉木文之進《たまきぶんのしん》の門下に入り、そこで玉木から、武士としての心得と松陰先生の教えを徹底的に叩き込まれたという。この玉木文之進を通じて、若き日の乃木希典は高杉晋作などの幕末志士と同様、まさに松陰先生の流れを汲んだ立派な武士として成長していったのであろう。

そして慶応元年（一八六五年）、幕府による第二次長州討伐が始まると、弱冠十七歳の乃木源三は所属の「長府報国隊」とともに長州奇兵隊の指揮下に入って幕府軍との戦いに参加した。それがすなわち、のちに日本陸軍の象徴ともなった軍人乃木希典の誕生なのである。

明治新政府が成立したのち、乃木は職業軍人の一人として西南戦争から日清戦争までの多くの戦争を戦ってきたが、政府軍の一員として同じ武士の出自の薩摩反乱軍と戦わなければならなかった西南戦争は、乃木希典に大きな心の傷を与えたようだ。西南戦争ののち、彼は突如私生活上の放蕩《ほうとう》を始めた。一時は自宅にいるよりも料亭にいる時間のほうが長いというほどの放蕩ぶりをみせ、「乃木の豪遊」として有名になった。

しかし明治二十一年（一八八八年）に政府の命令によりドイツ留学から帰国したのち、私生活上での乃木希典の振る舞いは一変した。留学前には頻繁に通っていた料理茶屋・料亭には足を運ばなくなり、舞妓が出る宴会には絶対に出席しないことにした。日常の生活もとことん質素にした。平素はキビを食し、来客時にはただのそばを「御馳走」といって振る舞ったという。しかもそのとき以来、乃木はいかなるときも乱れなく軍服を着用するようになったのである。

そして乃木希典がその「明治武士」としての真骨頂を見せたのは、やはり「皇国の興亡」を決する日露戦争においてである。旅順攻略戦では、第三軍総司令官である乃木希典のとった戦術戦法について後世にはさまざまな議論が出ているが、多大な犠牲を払いながらも、三回にわたる正攻法の総攻撃をもってロシア軍の難攻不落の要塞を陥落させたのは乃木軍であることはまぎれもない事実だ。そしてわが乃木将軍自身は、この壮絶な戦いにおいて二人の子息を相次いで失った。後世の人が何をいおうと、乃木将軍とその率いた第三軍の勇士たちこそが、本物の日本武士だったのではないか。

武士としての乃木将軍が面目躍如したのが、その敗戦処理においてである。旅順要塞を陥落させたあとの明治三十八年（一九〇五年）一月五日、乃木将軍は降伏したロシア側の要塞司令官ステッセリと会見した。歴史上有名な「水師営《すいしえい》会見」である。そこで乃木将軍は敗軍の将のステッセリにたいし、きわめて紳士的な態度で接した。通常、降伏する際に帯剣することは許されないが、乃木将軍はステッセリに帯剣を許し、会見のあとで酒までを酌み交わして打ち解けた。また、記者たちからの再三の要求にもかかわらず、乃木将軍は会見写真を一枚しか撮影させず、ステッセリらロシア軍人の武人としての名誉を重んじた。こうした乃木将軍の日本武士としての振る舞いは、世界的にも大いに報道されて賞賛された。

乃木将軍が旅順要塞に入城したのは一月十三日だったが、その翌日の十四日、旅順攻囲戦において戦死した将兵の弔いとして招魂祭を挙行し、自ら起草した祭文を涙ながらに奉読した。その姿は、日本語が分からない外国からの観戦武官や従軍記者をも大いに感動させ、彼らは競って祭文の意訳を求めたという。

そして乃木将軍の本国凱旋にあたっては、彼が二人の子息を亡くしたことから、その凱旋は他の諸将とは異なる大歓迎となり、新聞も帰国する乃木の一挙手一投足を報じた。しかしそれにたいして乃木将軍は、旅順攻囲戦において多数の将兵を戦死させた自責の念から、戦死して骨となって帰国したい、守備隊の司令官になって中国大陸に残りたい、蓑《みの》でも笠でもかぶって帰りたいなどと述べ、凱旋したのちに各方面で催された歓迎会への招待もすべて断った。

帰国したのちの乃木将軍は、旅順攻略戦での自分の功績を鼻にかけて自慢するどころか、むしろ多くの兵士の命を失わせたことにたいし、その余生を通してつねに自責の念を抱き、その遺族たちの痛みを分かち合おうとした。将軍は時間があれば戦死者の遺族を訪問して、「乃木があなた方の子弟を殺したにほかならず、その罪は割腹してでも謝罪すべきですが、いまはまだ死すべきときではないので、他日、私が一命を国に捧げるときもあるでしょうから、そのとき乃木が謝罪したものと思ってください」と述べたという。

ある日、日露戦争のもう一人の英雄である東郷平八郎とともに長野における戦役講演に招かれた際、乃木将軍は勧められても登壇せず、その場に立ったまま、「諸君、私は諸君の兄弟を多く殺した者であります」といって落涙し、それ以上何もいえなくなってしまったこともあった。

この「明治武士」としての乃木将軍はまさに「仁」の人であり「義」の人であり、そして真情に溢れるような至誠の人なのである。彼の行いにおいては、かの義経から発祥した日本武士の美学と美徳のすべてが濃縮して具現されているのである。

そして大正元年（一九一二年）九月十三日、明治天皇大葬が行われた日の午後八時ごろ、乃木将軍は戦死者たちの遺族に約束したとおり、平素から大きな恩義を感じていた明治天皇に殉ずるかたちで、静子夫人とともに壮烈な自決を果たした。「十文字」の古法をもって自刃した将軍は、まさに一個の日本武士らしく、彼自身が敬慕してやまないかの楠木正成のごとく、自らの死をもってその忠義と至誠を貫いてみせたのである。

明治の新しい時代に生きながら終始一貫、渾身一個の武士を通した乃木希典こそが、この時代を代表する本物の日本武士であろう。そして明治の最後までを生き抜いたこの武士の生と死はまた、日本の武士道精神が時代の変遷を乗り越えて近代に受け継がれて息づいていたことの象徴である。

◆昭和維新と「一億総武士」の時代、そして「特攻の花」

明治の終わり際《ぎわ》の乃木将軍の殉死は、武士道の精神史からしても、一つの時代の終焉を告げた。彼の殉死を前後にして、江戸時代に武士として生まれて明治の日本国家を担ってきた「明治の武士」たちは、徐々に老衰と老死をもって歴史の舞台から消えていったからである。

そして世は明治から大正へ、大正から昭和へと変わっていった。このような時代の変遷のなかで、正真正銘の武士の出身者たちが消えていったなかで、日本の武士道精神はいったいどう変容したのだろうか。

穏やかにして短い大正時代を経て、日本が迎えたのは「戦争と平和」の激動の昭和の時代だったが、この昭和の時代こそは、日本の武士道精神がその真価を問われる試練の時代であった。

大正から大東亜戦争が始まるまでの昭和初期において、日本で広がった社会現象の一つはすなわち、資本主義の肥大化とそれに伴う貧富の格差の拡大である。明治時代に育ってきた大財閥がますます力をもってくるのにしたがって、資本の論理が幅を利かすようになった。そして折からの昭和恐慌のなかで、中小企業が大量に倒産して中産階級が潰れていった結果、大財閥への富と力の集中がますます進み、庶民の貧困化や農村の疲弊などの深刻な社会問題が生じてきた。

そして財閥がその影響力を増していくなかで、政界・官界と財閥との癒着とそれに伴う政界と官界の腐敗も進み、資本の論理、すなわち「金の論理」がますます横行するような時代となったのである。

つまり、本書がかつて取り上げた江戸時代中期の享保・寛政の改革が行われたときの社会状況、あるいは江戸末期の「大塩平八郎の乱」が起きたときの社会状況が、より大きな規模において大正と昭和初期の日本において再現されたのである。資本の論理、すなわち「金の論理」の氾濫、それによってもたらされる政治の腐敗と為政者倫理の堕落。かつて徳川吉宗や松平定信や大塩平八郎が武士道精神を守るために退治しようとしたところの「疫病」は、昭和の日本においてふたたび猛威を振るうようになった。

こうしたなかで黙っていられないのは当然、日本の「武士」たちである。本物の武士出身者がすでに消えたこの時代、幸い、武士道精神をきちんと受け継いでいる人たちが大勢いた。その代表的な人物の一群はすなわち、昭和維新に立ち上がった大日本帝国陸軍の青年将校たちである。

昭和維新の精神的指導者だった北一輝《きたいっき》が著した『日本改造法案大綱』が「私有財産の制限」「大資本の国有化（財閥解体）」などを中心的綱領として訴えたことからも分かるように、「資本の論理」との戦いこそが昭和維新の重要なる一側面であった。そして、この理念に共鳴する熱血の青年将校たちがやむにやまれずの思いで立ち上がったのが、昭和七年（一九三二年）の五・一五事件とそれに続く昭和十一年（一九三六年）の二・二六事件だった。

昭和十一年二月二十六日に起きた二・二六事件では、安藤輝三、野中四郎などの青年将校に率いられた第一師団の歩兵第一連隊、歩兵第三連隊、近衛師団の歩兵第三連隊などの総勢一四三七名からなる反乱部隊が、首相官邸などの主要閣僚官邸を襲って蹶起《けっき》したが、それはわずか三日間で鎮圧された。かの「大塩平八郎の乱」と同様、わずかな部隊しか動員できない青年将校たちの反乱は、最初から成功する見込みの薄い行動だった。しかしそれでも彼らは果敢に立ち上がった。自らの信ずる理想のために、有望な青年将校としての地位と前途を捨てて、まさに死ぬ覚悟での行動を起こして、そして花のごとく散っていった。

やり方の稚拙さや元老殺害の妥当性云々は別として、それらの問題とは別の次元において、高い志と理念に基づく彼らの反乱は、まさに武士による武士の蹶起そのものであり、昭和の時代における武士道精神の稲妻のごとくの発揚だった。

反乱の首謀者の一人だった安藤輝三大尉は蹶起のときに兵隊を率いて侍従長在任中の鈴《すず》

木貫太郎《きかんたろう》を襲ったが、事件の終結後に安藤大尉が処刑されると、襲撃から生き延びた鈴木貫太郎は記者の質問に答えて、「首魁のような立場にいたから止むを得ずああいうことになってしまったのだろうが、思想という点ではじつに純真な、惜しい若者を死なせてしまったと思う」と述べたという。

昭和維新の志士たちはまさに、純真な思想を胸に抱いて自ら死地へと赴いた。

そして、彼らの抱く昭和維新の理想と、その理想のために命を捨てた彼らの行動を通して、われわれは、大正から昭和への時代の変遷のなかで日本の武士道精神が依然としてその輝きを保っていることを知った。時代が変わっても、武士道の心は不死なのである。

二・二六事件から五年後の昭和十六年（一九四一年）、日本国はやがて大東亜戦争へと突入していった。わずか数年間で終わってしまったこの戦争は、日本にとっては史上初めての国民総動員の大戦争だった。つまりこの戦争において戦うことを要求されたのは、もはや軍人だけではなく、日本の国民全員が何らかのかたちで戦いに参加しなければならなかった。前線で戦う軍人はもとより、女子挺身隊から一般の主婦まで、いわば「銃後」の国民全員が一丸となって死力を尽くして戦った。

いってみれば、大東亜戦争の数年間は、日本国民全員が「武士」となることを求められて、そしてそのまま「武士」となった時代であった。この数年のあいだ、最愛の息子を戦場に送り出してその戦死の訃報に接しながら、大日本国防婦人会や愛国婦人会の一員として気丈に銃後を守った日本の母親たちは、まさしく「武士」となった。沖縄戦の最前線で戦ってその若い命を捧げたひめゆり学徒隊や白梅学徒隊の女子たちもまた、日本の誇るべき「武士」となった。

男女老若を問わず、日本国民全員が「武士」となって武士らしく行動したのは、まさにこの大東亜戦争中においてである。国家の存亡を決する大戦争という非常事態下であったとはいえ、日本の武士道精神が多かれ少なかれ、すべての日本人の血に流れるＤＮＡの一部となっていることがそれで証明されたのではないか。

そして、日本国民全員が「武士」となったこの時期、それこそ武士のなかの武士として、もっとも武士らしい戦い方と死に方を遂げてみせたのは、空の花となって散った神風特攻隊員の人々である。

本書はいままで、「死ぬ覚悟で戦う」ことが武士たるものの基本であることをいくども指摘してきたが、特攻隊員の戦いは、この基本さえを超えたものである。というのも、彼らの戦いはもはや、「死ぬかもしれないぞ」という程度の覚悟での戦いではない。それは

「確実に死ぬ、必ず死ぬ」という前提での戦いなのである。つまり「死ぬこと」自体が彼らの戦いとなるのであり、祖国の青い空に飛び立ったその瞬間、彼らは文字どおり死に赴くのである。

いわば「武士道と云ふは死ぬ事と見つけたり」という武士道精神の極めつきは、まさに特攻隊員たちによる決死の戦いにおいてその最高点に達しているのである。

筆者の私は、特攻隊員たちの残した遺書や辞世の歌を目にするたびに、いつも涙があふれてきて深い感動に浸っていくものである。

たとえば、昭和二十年（一九四五年）四月十二日、二十二歳のときに特別攻撃「菊水二号作戦」で出撃して散った海軍大尉の岡部平一が書き残した遺書はこうである。

昭和二十年二月二十二日、元山航空隊にて
遂に特別攻撃隊神風特攻隊員となる。
来るべき三十日間、余の真の人生なるか。時機到る焉。
死ぬる為の訓練が待つてゐる。美しく死ぬる為の猛訓練が。
悲壮なる祖国の姿を眺めつゝ余は行く。全青春を三十日間にこめて、人生駆け足に入る。

われらは喜んで国家の苦難の真つ只中に飛込むであらう。

われらは常に偉大な祖国、美しい故郷、強い日本女性、美しい友情のみ存在する日本を、理想の中に堅持して敵艦に粉砕する。

今日の務は何ぞ、戦ふことなり。

明日の務は何ぞ、勝つことなり。

すべての日の務は何ぞ、死ぬことなり。

以上は岡部海軍大尉の残した遺書の一部であるが、その内容にかんしては、筆者の私からの余計な解釈などはもう何もいらないのであろう。本書を通して「武士道」を論じてきた私はただただ、祖国の理想のために美しく散っていったこの二十二歳の若者の心と行いに感動して、そこから日本の武士道精神の真髄とその最高の輝きを感じ取ったものである。

◆三島由紀夫と一色正春――武士道精神の「末裔」たち

特攻隊員たちの奮闘は結局実らずして、大東亜戦争は未曾有の敗戦で終わり、日本は運命の昭和二十年（一九四五年）八月十五日を迎えた。それ以来六十数年、日本は戦後復興を成し遂げて長期間にわたる繁栄と平和の時代を経験してきたが、そのなかでは、われわれのテーマである武士道精神が、それこそ史上最大の試練に晒されているのである。

というのも、戦後まもなく、「外来占領政権」のGHQ（連合国軍総司令部）の主導下で開始された「戦後教育」が猛威を振るっていったなかで、日本の武士道精神そのものが「悪」として糾弾されて否定されるという前代未聞の事態が起きたからである。

このあまりにも歪んだ戦後教育において、戦前の日本国家が「悪」だと断罪され、日本の伝統と文化が完全に否定される一方、武士道精神は「軍国主義の精神的支柱」として糾弾されるようになった。そのときから、楠木正成や西郷隆盛や東郷平八郎や乃木希典など、日本の誇るべき英雄、日本武士の代表的な人物たちのほとんどが、歴史の教科書から抹殺され、あるいは「極悪人」として批判される対象となった。

外来政権のＧＨＱとそれに加担した日本の「進歩的知識人」たちは、日本の伝統と文化の一掃とともに、日本の武士道精神を根こそぎに根絶させようとしたのである。

日本の歴史にとってまことに残念なことだが、ＧＨＱによってつくりあげられた戦後体制が現在でも継続されているなかで、日本の伝統と武士道精神の抹殺運動がじつに大きな成功を収めた。

歪んだ戦後教育が長年において実施された結果、日本の伝統精神も日本の伝統にたいする誇りも徐々に日本の社会から消え去り、「日本の心」は喪失しつつあった。昭和の戦後復興と高度成長期においては、日本国民のエネルギーが復興と経済発展に集中していたなかで、日本人の武士道精神のＤＮＡは、国民全員を死に物狂いの「モーレツ勤労」に駆り立てた精神的要素として顕在化した時期もあったが、やがてバブルの崩壊とともに高度成長期が終わると、日本国家そのものがビジョンと目標を失ったなかで、武士道精神はますます人々の心から遠ざかっていったのである。

しかしそのなかでも、やはり武士道の心を忘れずに、「武士」として行動した日本人がいた。

たとえば、昭和四十五年（一九七〇年）十一月二十五日に東京市ヶ谷の自衛隊駐屯地で壮烈な割腹自決を遂げた三島由紀夫がその一人である。

　国民的人気作家としての絶頂期にあって、この世の名誉と地位と富をほしいままに手に入れている三島由紀夫が、それらのすべてを放り出し、自らの命までを捨てて起こしたこの驚天動地の壮挙、その目的はいったい何だったのか。

　三島由紀夫がその自決の際、自衛隊員たちの決起を促すために書いた「檄文」を読めば、そして彼が晩年において熱心に訴えていた「改憲論」や「自衛隊論」あるいは「文化防衛論」を紐解けば、彼が命をかけて対決しようとしたのは、まさに日本の「戦後」であることがよく分かる。

　三島由紀夫から見れば、自主防衛を放棄した日本国現憲法、とくに憲法九条はまさに日本の「戦後の偽善」と「道義の退廃」をもたらした元凶である。このような憲法体制下の自衛隊も「忠誠の対象」と「建軍の本義」を失っているから、決局「永遠にアメリカの傭兵として終わる」ことになる。そして日本という国全体が日本の魂と精神を失い、いわば「無機的な、からっぽな、ニュートラルな、中間色の、富裕な、抜目がない、或る経済的大国」に成り下がっているというのは、まさに三島由紀夫の見た戦後日本の醜い姿なのである。

しかし三島由紀夫は断固としてそれを許せないのであり、死を決してそれを変えようとしたのである。彼の思いと志は、江戸時代の本物の武士だった大塩平八郎とも、戦前の昭和維新の志士たちとも相通じるものであろう。

そして彼の成し遂げた最後の戦いは、すなわち「武士集団」だったはずの自衛隊に入って、「武士」としての自衛隊員の共鳴を呼び、その決起を呼びかけることである。昭和四十五年十一月二十五日、彼は市ヶ谷の陸上自衛隊東部方面総監部の建物のバルコニーに立ち、集まってきた自衛隊員にたいして、「諸君は武士だろう。武士ならば、自分を否定する憲法をどうして守るんだ」と絶叫したその光景は、まさに三島由紀夫の決起の意味を端的に象徴するような場面であろう。

しかし残念ながら、彼の呼びかけに応じて「武士」たろうとする自衛隊員は一人も現れなかった。絶望した三島由紀夫は、結局その覚悟したとおり、もっとも武士らしい方法をもって自らのけじめをつけた。バルコニーから総監室に戻った三島は、天皇陛下からの「恩賜の煙草」を吸って「天皇陛下万歳」と三唱したのち、まさに武士の作法にしたがって壮絶な割腹自決を遂げた。

文士であった三島由紀夫は、このような武士的死に方をもって本物の武士となりきった。そして武士としての彼の壮烈な自決によって、「偽善と堕落」の戦後日本へのアンチテーゼとしての武士道精神は、あの閉塞した時代に光を差し出したような強烈な輝きを放ったのである。

三島由紀夫が死してから十九年後、世は昭和から平成へと変わった。そして令和に至る三十数年間、「日本丸」はビジョンと目標を失ったまま、経済の低迷と道義の荒廃がよりいっそう進むなかで「漂流の時代」を続けているが、そのなかで日本国家はやがて幕末の黒船来航以上の外来的脅威にさらされることになった。それはいうまでもなく、新興の経済大国・軍事大国である中国の帝国主義的膨張と海洋進出によってもたらされている脅威である。

平成の日本はふたたび、幕末と日露戦争前夜のような国防上の危機に直面することになっているが、それよりもさらに危険なことに、まさに三島由紀夫が糾弾してやまない「平和憲法」を核とした戦後体制のなかで、いまの日本国家は国防においてまったく無力であって危機感さえ希薄である。そして日本の政府はまた、自国を守る意識すらもたないような「からっぽな、ニュートラルな」政府となっていることは周知のとおりである。

こうした国防の危機と日本政府のだらしなさを余すところなく露呈した出来事は、すなわち、平成二十二年（二〇一〇年）九月七日に尖閣諸島周辺の日本領海で発生した「中国漁船衝突事件」である。

中国の漁船が大量に尖閣諸島付近の日本領海にやってくること自体、そもそも中国による海洋拡張戦略の一環であると理解すべきだが、この「衝突事件」はとくに酷いものであった。中国の一漁船までが、日本の領海を傍若無人の態度で恣意に侵入してきて、追跡してくる日本の海上保安庁の巡視船に一方的にぶつけてきた。日本国の主権にたいするあまりにも露骨な侵犯である。普通の主権国家なら、その漁船を即時に撃沈して見せるところだったが、わが日本政府のとった対応はといえば、それはまさに最低というしかなかった。

犯罪者だった中国人船長をいったん逮捕したあとに、日本政府は中国からの圧力に屈したかたちで、「那覇地検の判断」と称して船長の釈放を決めた。平成二十二年九月二十四日、中国人船長が釈放されたその日は、まさに日本にとっての国家的降伏を意味する屈辱の日であった。

事件の発生以来多くのメディアに登場して、日本はけっして中国からの圧力に屈してはいけないと主張した筆者の私自身は、船長の釈放を聞いたその日から、絶望的な心境に陥ったことはいまでも鮮明に覚えている。

そして私が絶望のどん底から救われたのは、その年の十一月四日に起きた出来事によってである。その日、中国漁船が海上保安庁の巡視艇にぶつけてきた映像が「ユーチューブ」に流されたのである。

本来なら、中国漁船の非道と横暴を鮮明に表したこの貴重な映像は、日本政府の手によって公開されるべきものであった。外交戦においても、中国側の非を明らかにした映像の公開はむしろ日本にとって有利であろう。しかしながら、世論と野党がいっせいに映像の公開を求めたのにたいして、当時の民主党政権は中国にたいする「配慮」からそれを拒否した。日本の民主党政権は日本のためではなく、まさに「中国様」のためにその映像を闇に葬ろうとしたのである。

幸いにしてそのとき、一人の日本人が立ち上がった。事件当時海上保安官だった一色正春《いっしきまさはる》氏である。海上保安官として例の映像に接した彼は、「公務員法」違反で逮捕されることを覚悟のうえで、それを「ユーチューブ」に流して公開したのである。

「非は中国側にあり」と明確に示したこの映像の公開は、日本の国益に寄与したところがじつに大きい。公開は尖閣諸島をめぐる日中間の争いにおいて日本が被害者であることを国際社会に知らせただけでなく、中国からの脅威にたいする日本国民の覚醒を促す点においても大きな意義があったであろう。第一、日本国家そのものが中国にひれ伏したなかで、気骨のある一人の日本人がとったこの壮挙自体は、日本にとっての最大の救いとなったのである。

そういう意味で、一色正春氏の果たした歴史的役割は大きなものであるが、彼自身がそれによって失ったものもじつに大きい。公開された映像の「秘密性が低い」との理由で彼は一応逮捕・起訴からは免《まぬか》れたが、映像公開の責任をとったかたちで、彼は海上保安官の辞職を余儀なくされ、公務員としての社会的身分と安定した収入のいっさいを失った。妻と二人の子供を養わなければならない一人の中年男の身にしては、その失ったものはあまりにも大きいであろう。

もちろん、彼自身にしてみれば、それは覚悟の上であろう。件の映像を公開してしまうと、自分の身分と生活の安定が無事であるはずがないことを、一色氏はよく知っていたはずである。しかしそれでも、彼はやはり自らの判断に従って映像公開に踏み切った。

たとえ安定した身分と生活の糧を失ったとしても、自らがやるべきだと判断したことを捨て身の覚悟で成し遂げ、どんなことがあろうとも自らの信ずる道を歩もうとする一色氏の行いと思いはまた、昭和維新の志士たちや三島由紀夫のそれと一脈相承するものであろう。現代に生きる一色正春という人間の血に流れているのは、やはり日本武士のＤＮＡなのである。

本書で取り上げたすべての「日本武士」のうち、筆者の私が唯一、面識をもって本人の話を直に聞いたのは、この一色さんである。おそらく本人も認めてくれるだろうが、私たちはいま、親しい友人の間柄ともなっている。

一色さんとは何回も対面して彼の話を聞いたなかで、私のもっとも感ずるところが一つある。映像公開に踏み切った一件で、多くの人々が彼のことを英雄視しているなかで、一色さん自身はけっして自分のやったことを「英雄的行為」だと思っていないようだし、自分がいかにも凄いことを成し遂げたと自慢するような素振りを見せたことは一度もないのである。彼はただ淡々として自分の思いを語り、ときには子供が褒められたときの照れくさそうな表情までを見せた。

映像の公開で安定した身分と収入を失ったにもかかわらず、一色さんはいかなる場面においても「自分はすべてを失って、自分は大変だ」と訴えたことのないのがとくに印象的である。友人の私にたいしても、彼は身分と収入を失ったあとの窮境を語ったことが一度もない。困っているような表情すら見せたことがない。

社会のために、国家のために、自分の安定した身分と生活の拠り所を失いながら、不平不満の一言もいわずに、泰然自若として淡々と対処していく一色正春さんの姿に、私はそれこそ本物の日本武士の心、日本の武士道精神の真髄を感じ取っているのである。

義経以来八百年以上も経って、一人の本物の「日本武士」が身近にいて、この私ごとき者と酒を酌み交わして歓談していることに、武士道精神をテーマとする本書の著者として、私はまさに感無量の思いである。

いまの時点では、この一色正春という人物は、私自身が見た最後の「日本武士」となっているが、将来の歴史において、彼が本当に「最後の武士」となってしまうようなことはけっしてないことを、当の私が信じているし、そう願ってやまない気持ちである。

日本はやはり「武士」の国であり、この日本から「武士」と武士道の精神をなくしてはならない。日本民族が存続していくかぎり、あるいは日本民族が存続していくために、日本の武士道の精神は永遠に受け継がれていくべきであろう。それこそが、本書において武士道精神の流れをたどってきた筆者の私自身の切なる思いなのである。

本書は、2012年３月に発行された『わが子に教えたい日本の心』（ＰＨＰ研究所）を改題し、加筆修正したものです。

PHP新書

PHP INTERFACE
https://www.php.co.jp/

石 平[せき・へい]

1962年、中国四川省成都生まれ。北京大学哲学部卒業。四川大学哲学部講師を経て、1988年に来日。1995年、神戸大学大学院文化学研究科博士課程修了。民間研究機関に勤務ののち、評論活動へ。2007年、日本に帰化する。著書に『なぜ中国から離れると日本はうまくいくのか』(第23回山本七平賞受賞、PHP新書)、『なぜ論語は「善」なのに、儒教は「悪」なのか』『中国をつくった12人の悪党たち』(同)、『朝鮮通信使の真実』(ワック)など多数。

日本の心をつくった12人

わが子に教えたい武士道精神

(PHP新書 1210)

二〇二〇年一月二十九日 第一版第一刷

著者――石 平

発行者――後藤淳一

発行所――株式会社PHP研究所

東京本部――〒135-8137 江東区豊洲5-6-52

第一制作部PHP新書課 ☎03-3520-9615(編集)

普及部 ☎03-3520-9630(販売)

京都本部――〒601-8411 京都市南区西九条北ノ内町11

組 版――株式会社PHPエディターズ・グループ

装幀者――芦澤泰偉+児崎雅淑

印刷所
製本所――図書印刷株式会社

ISBN978-4-569-84587-6

PHP新書刊行にあたって

「繁栄を通じて平和と幸福を」(PEACE and HAPPINESS through PROSPERITY)の願いのもと、PHP研究所が創設されて今年で五十周年を迎えます。その歩みは、日本人が先の戦争を乗り越え、並々ならぬ努力を続けて、今日の繁栄を築き上げてきた軌跡に重なります。

しかし、平和で豊かな生活を手にした現在、多くの日本人は、自分が何のために生きているのか、どのように生きていきたいのかを、見失いつつあるように思われます。そして、その間にも、日本国内や世界のみならず地球規模での大きな変化が日々生起し、解決すべき問題となって私たちのもとに押し寄せてきます。

このような時代に人生の確かな価値を見出し、生きる喜びに満ちあふれた社会を実現するために、いま何が求められているのでしょうか。それは、先達が培ってきた知恵を紡ぎ直すこと、その上で自分たち一人一人がおかれた現実と進むべき未来について丹念に考えていくこと以外にはありません。

その営みは、単なる知識に終わらない深い思索へ、そしてよく生きるための哲学への旅でもあります。弊所が創設五十周年を迎えましたのを機に、PHP新書を創刊し、この新たな旅を読者と共に歩んでいきたいと思っています。多くの読者の共感と支援を心よりお願いいたします。

一九九六年十月

PHP研究所

1111 北条氏康 関東に王道楽土を築いた男　伊東 潤／板嶋常明
1115 古代の技術を知れば、『日本書紀』の謎が解ける　長野正孝
1116 国際法で読み解く戦後史の真実　倉山 満
1118 歴史の勉強法　山本博文
1121 明治維新で変わらなかった日本の核心　猪瀬直樹／磯田道史
1123 天皇は本当にただの象徴に堕ちたのか　竹田恒泰
1129 物流は世界史をどう変えたのか　玉木俊明
1130 なぜ日本だけが中国の呪縛から逃れられたのか　石 平
1138 吉原はスゴイ　堀口茉純
1141 福沢諭吉　しなやかな日本精神　小浜逸郎
1142 卑弥呼以前の倭国五〇〇年　大平 裕
1152 日本占領と「敗戦革命」の危機　江崎道朗
1160 明治天皇の世界史　倉山 満
1167 吉田松陰『孫子評註』を読む　森田吉彦
1168 特攻　知られざる内幕　戸髙一成［編］
1176 「縄文」の新常識を知れば 日本の謎が解ける　関 裕二
1177 「親日派」朝鮮人　消された歴史　拳骨拓史
1178 歌舞伎はスゴイ　堀口茉純
1181 日本の民主主義はなぜ世界一長く続いているのか　竹田恒泰
1185 戦略で読み解く日本合戦史　海上知明
1192 中国をつくった12人の悪党たち　石 平
1194 太平洋戦争の新常識　歴史街道編集部［編］
1197 朝鮮戦争と日本・台湾「侵略」工作　江崎道朗
1199 関ヶ原合戦は「作り話」だったのか　渡邊大門
1206 ウェストファリア体制　倉山 満

［思想・哲学］

032 〈対話〉のない社会　中島義道
058 悲鳴をあげる身体　鷲田清一
086 脳死・クローン・遺伝子治療　加藤尚武
468 「人間嫌い」のルール　中島義道
856 現代語訳 西国立志編　サミュエル・スマイルズ［著］／中村正直［訳］／金谷俊一郎［現代語訳］
884 田辺元とハイデガー　合田正人
976 もてるための哲学　小川仁志
1095 日本人は死んだらどこへ行くのか　鎌田東二
1117 和辻哲郎と昭和の悲劇　小堀桂一郎
1155 中国人民解放軍　茅原郁生
1159 靖國の精神史　小堀桂一郎
1163 AI監視社会・中国の恐怖　宮崎正弘

852 ドラッカーとオーケストラの組織論　山岸淳子
882 成長戦略のまやかし　小幡 績
887 そして日本経済が世界の希望になる
ポール・クルーグマン[著]／山形浩生[監修・解説]／大野和基[訳]
892 知の最先端　クレイトン・クリステンセンほか[著]／大野和基[インタビュー・編]
901 ホワイト企業　高橋俊介
908 インフレどころか世界はデフレで蘇る　中原圭介
932 なぜローカル経済から日本は甦るのか　冨山和彦
958 ケインズの逆襲、ハイエクの慧眼　松尾 匡
973 ネオアベノミクスの論点　若田部昌澄
980 三越伊勢丹　ブランド力の神髄　大西 洋
984 逆流するグローバリズム　竹森俊平
985 新しいグローバルビジネスの教科書　山田英二
998 超インフラ論　藤井 聡
1003 その場しのぎの会社が、なぜ変われたのか　内山 力
1023 大変化──経済学が教える二〇二〇年の日本と世界　竹中平蔵
1027 戦後経済史は嘘ばかり　髙橋洋一
1029 ハーバードでいちばん人気の国・日本　佐藤智恵
1033 自由のジレンマを解く　松尾 匡
1034 日本経済の「質」はなぜ世界最高なのか　福島清彦
1039 中国経済はどこまで崩壊するのか　安達誠司
1080 クラッシャー上司　松崎一葉
1081 三越伊勢丹　モノづくりの哲学　大西 洋／内田裕子
1084 セブン-イレブン1号店　繁盛する商い　山本憲司
1088 「年金問題」は嘘ばかり　髙橋洋一
1105 「米中経済戦争」の内実を読み解く　津上俊哉
1114 クルマを捨ててこそ地方は甦る　藤井 聡
1120 人口知能は資本主義を終焉させるか　齊藤元章／井上智洋
1136 残念な職場　河合 薫
1162 なんで、その価格で売れちゃうの？　永井孝尚
1166 人生に奇跡を起こす営業のやり方　田口佳史／田村 潤
1172 お金の流れで読む　日本と世界の未来　ジム・ロジャーズ[著]／大野和基[訳]
1174 「消費増税」は嘘ばかり　髙橋洋一
1175 平成の教訓　竹中平蔵
1187 なぜデフレを放置してはいけないか　岩田規久男
1193 労働者の味方をやめた世界の左派政党　吉松 崇
1198 中国金融の実力と日本の戦略　柴田 聡
1203 売ってはいけない　永井孝尚
1204 ミルトン・フリードマンの日本経済論　柿埜真吾